어라, 중국이 읽어지네

# 어라, 중국이 읽어지네

초판 1쇄 발행  2023년 10월 18일
지은이  최고봉
펴낸이  김선기
펴낸곳  (주)푸른길
출판등록  1996년 4월 12일 제16-1292호
주소  (08377) 서울시 구로구 디지털로 33길 48 대륭포스트타워 7차 1008호
전화  02-523-2907, 6942-9570~2
팩스  02-523-2951
이메일  purungilbook@naver.com
홈페이지  www.purungil.co.kr
ISBN 978-89-6291-071-1  03910

# 어라,
# 중국이 읽어지네

한중 수교 30년부터 시진핑 집권 3기, 위드코로나, 미중 패권전쟁까지
세계를 구성하는 중국의 흐름을 짚어 내다

푸른길

『어라, 중국이 읽어지네』에는 중국 현장에서 현지인들과 함께 생활하고 발로 뛰며 공부하고 있는 저자 최고봉의 이야기가 담겨 있습니다. 이 책은 그가 중국에서 겪으며 보고 알게 된 내용을 쉽게 풀어냈습니다. 일반인부터 전문경제인까지 목마른 독자들에게 생수와 같은 책이 될 것이라 생각합니다.

2023년 시진핑의 집권 3기를 시작으로 새로운 미래를 향해 출발한 중국의 다양한 내용이 있습니다. 특히 현재 중국을 이끌고 있는 인물을 주목해 보시기 바랍니다. 중국 권력구조와 새로운 시대에 새로운 인물을 소개했습니다. 나아가 미중 관계의 변화와 이에 따른 국제정세 속의 한국, 그리고 현재 우리나라를 불편하게 만든 칩4에 대한 이야기를 독자들에게 알리고자 했습니다.

저자가 직접 현장에서 살펴본 중국 제로코로나에서 위드코로나로 전환되는 과정과 한중 수교 30년을 돌아보며 그동안 중국에서 성장한 한국기업을 소개했습니다. 따라서 중국 진출을 준비하는 한국기업이나 기업가, 중국 관련 업무의 실무책임자와 학생들에게 유용한 도서로서 이 책을 추천합니다.

아주미디어그룹 회장 곽영길

| 들어가는 글 |

첫 번째 책 『하루 만에 중국통 따라잡기』가 어느 도서관에서 대여 1순위라는 소식을 들었습니다. 그래서 기쁜 마음에 인터넷을 검색해 보니 정말 제 책이 여러 기관, 지자체, 대학교 등의 여러 도서관에 들어가 있다는 사실을 발견했습니다.

그때 저는 '두 번째 책은 빌려서 읽는 책이 아니라 읽고 소장할 가치가 있도록 준비해야겠다'고 생각했습니다. 그리고 두 번째 책 『어라! 중국이 읽어지네』는 정말 소장할 만한 가치가 있도록 귀한 내용을 많이 넣었습니다. 그래도 사실 누군가 이 책을 도서관에서 대여하는 모습을 보게 된다면 저는 참 감동받을 것 같습니다.

열심히 책을 완성하고 읽어 보니 정말 좋은 내용이 많지만 이번에도 어렵게 느껴질 것 같았습니다. 읽다가 어려운 부분은 가볍게 넘기시고, 관심이 가는 부분은 집중해서 읽으셔도 좋을 것 같습니다. 대충 한 번만 봐도 중국이 보일 것이고, 자세히 두 번 읽으면 중국 전문가가 되실 것이라 생각합니다.

코로나 시기 한국을 비롯해 전 세계가 엄청난 자금을 풀고 지원책을 풀가동했는데요. 그러면서 유동성이 넘쳐 물가와 부동산을 크게 자극시켰죠. 그리고 2022년 초부터 미국을 비롯한 전 세계 국가들이 금리를 올리며 긴축정책모드로, 시민들의 생활을 지원하기 위해 풀었던 유동성을 다시 빠르게 회수하기 시작했습니다.

하지만 중국은 전 세계의 흐름과 달리 계속해서 지원정책을 풀가 동하며 유동성을 풀었습니다. 버티지 못하고 금방이라도 '팡' 터질 것 같았던 중국 경제는 2022년 4월 저점을 찍고 회복해 가는 모습 이었습니다. 이번에는 힘들다는 몇몇 경제전문가들의 의견도 있었 고, GDP가 기대치를 벗어났지만 제가 볼 때는 우수한 성적으로 코로나 시기를 졸업한 듯 보입니다.

책에는 미중 고래싸움에 껴 있는 우리 한국의 모습도 담았습니다. 미중 양국이 서로 핵펀치를 날리고 있죠. 그 가운데 대한민국이 있고, 칩4라는 불편한 녀석도 있습니다.

강하게 날고 있는 중국의 모습도 넣었는데요. 특히 비야디 질주의 비결과 전기차 3인방, 중국 전고체 배터리 전쟁에 대한 소개가 있습 니다. 무엇보다 시진핑 집권 3기 중국 권력구조와 새로운 시대에 날 고 있는 새로운 인물, 그리고 향후 5년간 중국을 이끌어 나갈 주요 인물을 쉽게 소개했습니다.

코로나는 빠질 수 없죠. 제로코로나에서 위드코로나로 전환되

어라, 중국이 읽어지네

는 중국의 모습을 담았습니다. 공감되는 부분이 많이 있을 것 같습니다.

2022년이 한중 수교 30주년이었는데요. 향후 한중 30년을 이끌 중국 속의 한국기업을 소개합니다. 수교 이후 중국은 한국기업들에게 새로운 시장을 찾을 수 있는 기회의 땅이었습니다.

특히 1992년 한국은 올림픽 이후 산업 고도화를 이룰 시기에 단순 임가공 공장이 중국으로 거점을 옮기며 큰 충격 없이 산업 고도화를 이룰 수 있었죠. 1997년 외환위기 때는 중국으로 뚫린 수출 길로 많은 외화를 벌어들일 수 있었고, 2009년 글로벌 금융위기 때는 중국의 4조 위안 규모의 부양책으로 질식 상태에 빠진 세계 경제의 숨통이 트였습니다.

이제 본격적으로 책을 읽으시며 위에 언급해드린 내용을 좀 더 자세하게 만나 보시기 바랍니다. 어려운 부분은 헤드라인만 보시고 패스하셔도 됩니다. 다만 두 번 보시면 전문가 됩니다.

| 감사의 글 |

첫 번째 책 『하루 만에 중국통 따라잡기』가 세상에 나온 후 두 번째 책도 금방 출판할 수 있을 것 같았는데 생각보다 긴 5년의 시간이 지났습니다. 살아가면서 세상 일이 더 쉽지 않고 뭔가 더 신경 써야 할 일이 많아진다는 생각이 듭니다. 5년 동안 중국에서 더 많은 경험을 쌓으며 내공을 높여갔습니다.

중국에서 살아남고 이기는 방법을 친히 알려 주시고 늘 응원해 주시는 곽영길 아주미디어그룹 회장님, 해외에서 고생한다고 언제나 반갑게 맞이해 주시고 격려해 주시는 양규현 아주일보 사장님, 오종석 아주경제 사장님, 조윤섭 사장님, 박소연 이사님과 모든 임직원분들께 진심으로 감사드립니다.

그리고 배인선 특파원, 장성원 팀장, 신병근, 김종형, 심민현, 김아령, 문은주, 성상영, 최예지, 곽예지, 이지원 기자 등 많은 선후배 기자들의 귀한 기사가 이 책의 소중한 자원이 됐습니다. 책 출판의 기쁨을 선후배 기자들께 모두 드리고 싶습니다.

늘 기도해 주시는 부모님과 장모님, 매형 배재원 목사님과 최현정 사모님, 이한주 중국 연대한인교회 담임목사님과 조봉현 원로목사님, 김주만 목사님, 문형길 목사님, 조상현 목양교회 담임목사님, 언

어라, 중국이 읽어지네

제나 힘이 되어주시는 조현태, 전덕조, 안효봉, 김정구, 김석권 장로님과 모든 성도님들. 그리고 아내 김신애, 아들 지율, 딸 지혜에게 감사의 마음을 전하고 싶습니다. 마지막으로 이 모든 영광을 살아계신 나의 주 하나님께 돌립니다.

감사합니다.

# | 차 례 |

제1부

# 동쪽으로 가는 미국, 서쪽으로 가는 중국

# 긴축정책 VS 완화정책

2022년 초부터 미국을 비롯한 전 세계 국가들이 금리를 올리고 시장을 압박하며 본격적인 긴축정책을 펼치고 있습니다. 가장 큰 이유는 인플레이션을 잡기 위한 것인데요. 주변에서 살기 힘들다는 소리가 많이 들리고 있습니다.

전 세계가 코로나19로 인해 '팍팍해진' 시민들의 생활을 지원하기 위해 풀었던 유동성을 다시 빠르게 회수하고 있는 상황이었습니다. 하지만 중국은 2022년 1분기부터 4분기까지 계속해서 통화완화정책을 실시하며 전 세계와 정반대로 움직였습니다.

저는 중국의 이런 움직임이 이상하고 신기해서 과연 중국 정부당국은 어떻게 움직여 갈 것인지 주목하며 관심 있게 관찰했습니다.

# 수도꼭지 열고, 반대로 가는 차이나

남들 다 조여도 우리는 푼다.

코로나19를 겪으며 미국, 한국을 비롯한 세계 주요국들의 기준금리 인상 흐름 속에 중국은 통화완화정책으로 방향을 잡고 금리를 동결시키거나 낮췄는데요. 미국과 다른 나라들이 시장에 있는 돈을 회수하며 나라와 개인의 주머니를 조일 때, 중국은 계속해서 유동성을 풀고 있습니다. 경제용어에서 유동성이란 말이 자주 나오는데요. 그냥 돈이라고 생각하시면 됩니다.

또 중국은 은행들에게 기업대출조건을 완화하라며 기업대출을 늘리고 채권을 발행하는 등 계속해서 시장에 돈을 풀었습니다. 전 세계 국가들이 긴장하며 긴축할 때, 중국은 시장을 살피고 자신감을 드러내며 이렇게 정반대의 행보를 펼치고 있는 상황인데요.

이렇게 세계 각국이 금리 인상 속 긴축으로 돌아선 가운데 중국만나 홀로 금리를 내려 돈을 푼다면 자금 유출, 위안화 평가절하 등 여러 리스크에 부딪힐 수 있습니다. 이미 2022년부터 중국 위안화 절하 행진은 이어지고 있는 상황인데요. 그러나 중국은 아직까지 통화 완화 여력이 충분하다며 자신감을 드러내고 있습니다.

어라, 중국이 읽어지네

# 미국의 빅스텝

미국은 2022년 빅스텝과 자이언스트텝을 단행하면서 금리인상에 속도를 냈습니다. 미국이 빅스텝을 단행할 때부터 사실 중국의 고민은 깊어진 것으로 보고 있는데요.

미국 연준이 자이언트스텝이라는 초강수를 단행하고 양적 긴축도 착수했습니다. 시장의 돈을 진공청소기로 흡입하듯이 모조리 흡입해 버리겠다는 것인데요. 금리도 오르고, 돈도 회수되며, 시중에 돈이 매우 귀해지는 시기가 됐습니다.

금리는 보통 0.25%p씩 기본 베이비스텝으로 조정하는 게 관례였습니다. 0.5%p를 조정하는 것은 2000년 5월 이후 22년 만에 최대폭 인상입니다. 인플레이션이 심해서 그 인플레이션을 잡기 위해 22년 동안 안 하던 빅스텝을 단행했는데요. 인플레이션이 40년 만에 최대라고 하기에 이에 대응하기 위해 빅스텝을 할 수밖에 없었다고 합니다. 당시 연준은 기준금리 인상에 유동성 회수를 예고했습니다. 쉽게 생각하면 '곧 돌아오는 채권 및 주택저당증권 등을 연장해 주지 않을 것이다. 모두 다 갚아라. 그동안 계속 연장해 줬지만 이제 끝이다'라는 말인데요. 이로써 시중의 돈이 이제 빚을 상환하는 데 대거 투입되는 상황이 됐습니다. 미국뿐만 아니라 전 세계가 그동안 코로나 때문에 돈을 풀었고, 유동성이 넘치면서 물가를 자극했습니다.

최악의 상황을 막기 위한 고강도 의지가 실현되고 있는 시기입니다. 개인이 빚진 것들을 그동안 나라가 사주면서 돈이 흘러가도록 한 것인데, 너무 넘쳤고, 이제 너무 과해서 문제가 될 수 있으니 그만 조이겠다는 것입니다.

그동안 코로나 시기 전 세계적으로 유동성이 넘쳐서 물가와 부동산을 크게 자극시켰고, 물가와 부동산이 폭등했는데요. 주식거래를 하고 있다면 잘 이해가 될 것 같습니다.

현재 긴축정책이 실시된 후 30~50% 이상, 그 이상 떨어진 계좌를 갖고 있는 투자자도 있을 것 같습니다. 부동산 시장도 얼어붙어서 추운 겨울을 보내고 있습니다. 그나마 주식은 조금 회복되며 2023년 하반기를 지나 2024년에는 힘을 받을 것으로 시장은 보고 있습니다.

직장에서 급여는 크게 오르지 않고, 물가와 부동산 등이 빠르게 오르고 있는 상황인데요. 바로 스태그플레이션입니다. 스태그플레이션이 발생하지 않으려면 급여가 올라가거나 물가나 부동산이 오르지 말아야 하는데요. 아니면 급여도 물가나 부동산처럼 빠르게 올라야 하지만 급여가 이렇게 크게 오르기는 어려운 상황이라 스태그플레이션에 대한 우려도 커지고 있는 시점입니다.

단순하고 쉽게 생각하면, 몇 년 전 2% 금리시대에 집을 샀을 때는

어라, 중국이 읽어지네

부동산이 2% 이상만 올라주면 손해는 아니고 적지만 이익을 볼 수 있는데요. 자이언트스텝까지 단행되고 있는 지금은 고금리 시대로 예전과는 시대와 상황이 달라졌습니다.

금리는 계속 오르는데 부동산 가격은 계속해서 떨어지고 있는 상황이라 고점에서 대출받아 부동산에 투자한 사람에게는 정말 어려운 시기가 될 수 있을 것 같습니다. 특히 부동산 시장은 이미 덩치가 커졌기 때문에 둔해서 날렵하고 빠르게 오를 것을 기대하기가 어려운 상황인데요.

하지만 고금리가 영원히 계속 가지는 않을 것입니다. 고금리가 시작되면 주식 등의 자산을 누르게 되는 상황이 되고 이렇게 어느 정도 눌러 준 후에 다시 중금리, 저금리로 변하는 추세가 시작될 텐데요. 바로 이때가 투자를 고려해 볼 시기입니다. 확률적으로 성공할 가능성이 높은 시기로 볼 수 있습니다.


## 세계가 주목하는 중국 경제


중국은 지난 코로나19 확산세에 따른 봉쇄의 여파로 경제성장률을 계속해서 낙관하지 못하고 있는데요. 당시 전문가들은 중국 경제 상황이 나아질 것으로 예상했지만 중국은 코로나19 확산을 늦추

거나 차단하는 데 어려움을 겪었고 지속적인 위험에 노출되어 있는 것으로 보였습니다.

물론 이에 따라 중국 정부는 인프라 투자를 가속화하고, 정책 금리 및 지급준비율 추가 인하 등 다양한 경기부양책을 내놓으며 대응하고 있는데요. 다수의 전문가들이 중국 경제를 어렵게 보고 있고, 성장 전망치를 계속 하향조정하고 있다는 것은 나타나는 경제수치가 좋지 않기 때문입니다. 중국은 지금 경기회복과 침체의 갈림길에 놓인 것 같습니다. 하지만 코로나19를 잘 버텼고 생각보다 빠르게 극복하며 경제가 어렵지만 그 가운데 계속해서 꿈틀거리며 살아나고 있는 모습입니다.

중국 경제는 2022년 4월에 저점을 찍었습니다. 상하이 등 주요 도시에서 코로나19로 인한 봉쇄 때문에 생산이 중단되고 정상적인 경제활동을 못하면서 그동안 경험하지 못했던 침체기를 보냈습니다. 2022년 1분기 성장률은 전년 동기 대비 4.8% 증가하며 예상 밖으로 선전했다는 평가를 받았지만 3월 말부터 시작된 코로나19 재확산 충격은 4월 경제성적표에 고스란히 반영되어 바닥을 찍게 됐는데요.

중국 국가통계국이 발표한 2022년 4월 중국 제조업 지표는 47.4를 기록했습니다. 코로나19 충격으로 통계 역사상 최저치를 기록했던 2020년 2월 35.7을 기록한 이후 26개월 만의 최저치였는데요.

일반적으로 매월 국가통계국이 발표하는 제조업 지표는 50이 넘게 되면 경기 확장을 의미하고 50 이하면 경기 위축을 나타냅니다. 중국 주식거래 하는 투자자를 위해 조금 더 설명을 드리겠습니다. 매달 발표하는 제조업 지표는 중국 주식시장에도 단기적인 영향을 주고 있는데요.

지표가 50 이상이 나오면서 '예상치', '전망치'보다 '높았다'라는 평가를 받는 날은 단기적인 호재 역할을 하며 증시에 좋은 영향을 줍니다. 그리고 50을 넘기지 못하면서 '예상치', '전망치'보다 '낮았다'라는 평가를 받는 날은 큰 악재로 작용해서 증시를 끌어내리는 상황이 통계적으로 많았다는 것을 잘 참고하면 좋을 것 같습니다.

조금만 더 설명 드리면, 지표가 좋지 않았는데 '예상치', '전망치'보다 높게 나온 날은 낙폭을 줄여주는 역할을 하고, 지표가 좋았는데도 '예상치', '전망치'보다 낮게 나온 날은 호재로서 역할을 잘 못하는 경우가 많았습니다.

당시 4월 저점을 찍고, 다행히 중국 정부가 내놓은 경기부양책이 잘 반영되어 5월부터 반등에 성공할 수 있었는데요. 당시 중국정부는 현재 중국 경제에 미치는 타격과 영향은 단계적이고 일시적이라면서 고강도 방역 조치와 경기부양책이 서서히 효과가 나타나면서 중국 경제는 빠른 시일 안에 정상 궤도로 회복할 것이라고 자신감을 드러냈습니다.

# '인프라 투자속도' 중국, 150조 원 대출 확대 지시

기업들은 다시 생산활동을 시작하며 조업활동을 재개했고, 적절한 경기부양책이 잘 어우러지는 모습이었습니다. 반등에 성공한 중국 당국은 코로나19로 타격을 입은 경제를 부양하기 위해 국가개발은행 등 국가정책 은행에 150조 원 상당의 인프라 프로젝트 대출 확대를 지시했습니다. 봉쇄 장기화로 주머니 사정이 안 좋아지면서 정책은행 자금까지 끌어다 쓰기로 한 것인데요.

금융 인프라 시설 건설 지원을 위해 3개 국가정책은행의 인프라 프로젝트 대상 신용 대출 한도를 8000억 위안(약 149조 원)으로 늘리기로 한 것입니다. 국무원이 이렇게 인프라 투자 대출 지원에 할당한 8000억 위안은 2021년 국가개발은행 등 3대 국가정책은행의 위안화 신규 대출 규모 1조 6500억 위안(약 308조 원)의 절반가량에 해당하는데요. 거시경제 하방압력이 큰 상황에서 신용 대출 한도를 확대해 인프라 건설을 지원하는 것은 안정적인 성장을 이끌어 내는 데 도움이 될 것으로 기대했습니다.

국무원이 이렇게 국가정책은행에 할당한 8000억 위안은 전체 특수목적채권 한도의 4분의 1에 달하는 금액인데요. 앞서 국무원은 2022년 3월 지방 정부의 인프라 특수목적채권 발행 한도를 3조 4500억 위안으로 설정해 발행을 6월 말까지 마치고 8월 말까지 발

어라, 중국이 읽어지네

행 자금을 모두 소진하라고 지시한 바 있습니다.

각 지방 정부는 특수목적채권 발행을 통해 조달한 자금에다 금융권 대출 등 자금을 보태 특정 인프라 프로젝트 건설을 진행하는데요. 이에 따라 금융권의 대출 액수가 커지면 지방 정부들이 개별 프로젝트에 투자할 수 있는 자금의 총액도 함께 늘어나게 됩니다.

인프라 투자 및 건설은 중국의 전통적인 경기 부양 조치 중 하나인데요. 경기가 위축될 때마다 대규모의 인프라 프로젝트를 가동하면서 경제에 활력을 불어넣었습니다. 이에 중국 지도부는 연초부터 기회가 있을 때마다 인프라 투자 확대 필요성을 언급하며 지방 정부를 다그쳐 왔는데요. 봉쇄 장기화에 따른 경제 충격 여파로 인프라 건설도 상당히 위축된 게 사실입니다.

한편, 인프라 투자 확대보다는 코로나19 추이가 중국 경제를 좌지우지한다는 의견도 많은 상황이었습니다. 경기 부양책도 물론 경기가 회복하는 데 중요하지만 중국의 제로코로나 정책이 경제에 미치는 영향이 큰 상황이며 향후 중국이 코로나19 방역을 어떻게 하는가에 따라 앞으로 중국 경제 상황이 변할 것이라는 것에 당시 많은 전문가들이 입을 모았습니다.

## 폭염, 가뭄, 전력난 등 악재 VS 195조 추가 부양책

2022년 5월 반등에 성공한 중국 경제는 다시 힘차게 우상향 전진할 것으로 기대했습니다. 중국 증시도 힘을 받아 크게 반등하며 오르는 상황이었는데요. 하지만 예상하지 못한 악재가 터졌습니다. 폭염과 가뭄, 전력난으로 기업들의 조업이 다시 중단되며 중국 경제에 빨간불이 켜졌는데요. 중국 당국이 다시 195조 원 상당의 부양책을 꺼내 들고 대응에 나섰지만 어두운 먹구름은 좀처럼 걷히지 않았습니다.

중국 정부는 경제를 살리기 위해 인프라 투자 등을 위한 1조 위안(195조 원) 상당의 부양책을 발표하고 사실상 기준 금리인 대출우대금리(LPR)를 비롯해 은행의 지급준비율, 중기유동성지원창구(MLF) 등을 꺼내 경기 활성화에 적극 팔을 걷어붙였는데요.

하지만 중국 당국이 고강도 방역 정책인 '제로코로나'를 고수하고 있었고, 폭염, 가뭄, 전력난, 폭우피해, 공급망 혼란, 국제적 경기둔화 등의 악재는 여전히 해소되지 않고 오히려 확대되면서 중국 정부의 처방이 빠른 효과를 내지 못했습니다.

국무원은 중요한 인프라 프로젝트는 지방정부 직권으로 '선(先) 착공 후(後) 승인'할 수 있도록 했으며, 또 시중은행이 중요한 인프라 프로젝트 및 설비 교체에 대해 중장기 대출을 촉진할 수 있도록 허락했습니다.

중국정부는 2021년 말 이후 경제 운용 초점을 '안정적 성장'에 맞추고 2022년 들어서는 '인프라 건설 및 투자 확대'를 강조해 오고 있는데요. 투자와 함께 중국 경제의 '3대 성장 동력'으로 꼽히는 수출과 소비가 모두 부진한 상황에서 인프라를 중점으로 한 투자를 확대하고 건설을 전면 강화해 빠르게 경제 회복을 이끌겠다는 방침입니다. 특히 교통, 에너지, 수리 등 관련 인프라 건설 강화에 나섰습니다. 대규모 운하 건설도 그 일환입니다. 중국은 2022년 8월 사업비 727억 위안(약 14조 원) 규모의 대규모 운하 건설을 시작했는데요. 이는 중국이 1949년 이후 처음 건설하는 운하로 베이부만(베트남명 통킹만)과 시장(西江)을 연결합니다.

사진:중국 옌타이 박상준

중국 옌타이(출처: 아주경제)

# 중국을 비껴간 글로벌 인플레 습격

## 중국은
## 어떻게 글로벌 인플레 습격을
## 비껴갈 수 있었나

앞서 언급한 것처럼 코로나19, 러시아–우크라이나 전쟁 장기화 등으로 촉발된 인플레이션 공포가 글로벌 경제를 덮쳤는데요. 상대적으로 중국은 당시 글로벌 인플레이션 습격에서 비껴간 것으로 보고 있습니다.

2022년 5월 중국 소비자물가지수는 전년 동기 대비 2.1% 증가하며 4월과 동일한 수준을 유지했습니다. 6개월 내 최고 수준이긴 하지만, 같은 기간 40년 만에 최악의 인플레를 겪는 미국(8.6%), 영국(9%) 등의 물가상승률과 비교하면 상대적으로 안정적인 모습입니다. 중국의 식품, 에너지 가격 변동을 제외한 핵심 CPI(Consumer Price Index)는 4월과 동일한 상승폭인 0.9%를 기록했는데요. 1~5월 중국의 CPI 누적 상승률은 1.5%, 정부 목표치인 3%보다 훨씬 낮은 상황입니다.

2021년 치솟았던 생산자물가도 진정세를 보이는 중인데요. 2022년 5월 중국의 생산자물가지수(PPI)는 6.4% 상승하며 2021년 10월 최고점(13.5%)의 절반 수준으로 낮아졌습니다. 미국발 긴축 우려 속에서도 중국이 자국 경기 부양을 위해 통화 완화를 이어 갈 수 있는 배경인데요.

## 4조 위안 경기부양 후유증

중국 학자들은 미국, 유럽 등 서방국이 코로나19로 피해를 입은 경제를 살리기 위해 전례없이 돈을 푼 게 글로벌 인플레를 초래한 요인 중 하나라고 주장하고 있습니다. 실제 미국 연방준비제도의 보유 자산은 8조 9000억 달러로, 코로나19 이후 2년 새 두 배로 불어났습니다.

반면 2008년 글로벌 금융위기 당시 4조 위안의 돈을 푸는 초대형 부양책을 시행했다가 부채 급증, 집값 폭등 등 후유증을 겪었던 중국은 이번에 코로나19로 경제가 직격탄을 입은 가운데서도 과도한 돈풀기를 자제했다는 평가를 받았습니다. 사실 과도하게 풀지 않고 시장에 계속 유동성을 공급하긴 했습니다.

## 돼지고기 가격 따라 움직이는 중국 소비자 물가

중국의 CPI 구성요소나 가중치가 미국과 다르다는 점도 또 하나의 이유입니다. 미국의 경우 CPI 구성 요소에서 교통비와 거주비에 가중치를 많이 두는 만큼 국제 에너지 가격과 통화정책의 영향을 많이 받습니다. 반면, '중상위 소득 국가'로 분류되는 중국은 의류, 식품에 더 많은 가중치를 부여하고 있습니다.

한 전문가는 중국의 CPI 구성요소에서 식품 가중치가 18.4%로 미국(7.8%)보다 높고, 의류도 6.2% 가중치를 둬서 미국(2.8%)을 웃돈다고 설명했는데요. 반면 주거 임대료의 경우, 중국은 16.2%를 차지해 미국(32%)의 절반에 불과합니다. 교통비도 10.1%로 미국(15.1%)보다 낮다는 분석입니다.

특히 중국 소비자물가 흐름은 돼지고기 가격의 영향을 크게 받는데요. 중국 CPI 구성에서 돼지고기 가격 품목이 차지하는 비중이 2.4%에 달하고 있습니다. 특히 2021년부터 중국 돼지고기 가격이 공급 과잉으로 하락하면서 중국 소비자물가 안정에 기여했는데요. 2022년 5월 돼지고기 가격은 전년 동기 대비 37%나 하락했습니다.


## '세계 최대 소비시장' VS '세계의 공장'

미국은 '세계 최대 소비시장'이라 불립니다. 소비재의 경우 수입산에 크게 의존하고 있어 소비자물가가 크게 영향을 받을 수밖에 없

어라, 중국이 읽어지네

습니다. 반면, 중국은 '세계의 공장'으로서 국제 원자재 가격 상승에 대응할 수 있는 여지가 더 큰 상황입니다. 원가 상승분을 생산자나 해외 구매자가 떠안음으로써 소비자물가를 안정적으로 관리할 수 있는 것입니다.

보통 'CPI의 선행지표'라 불리는 PPI가 급등하면 시간차를 두고 CPI도 덩달아 상승하는 게 일반적인 경제 논리인데요. 하지만 중국에서는 PPI와 CPI의 상관관계가 약한 편입니다.

국제원자재 가격 상승세 속 2021년 10월 중국 PPI 상승률이 13.5%까지 치솟았지만, 중국 내 소비자물가 상승률은 1.5%에 머물렀습니다. 원자재 가격 상승분을 중국 제조기업이나 해외 바이어가 떠안으면서 PPI 고공행진이 CPI에 미치는 영향은 제한적이었습니다. PPI와 CPI 격차가 커질수록 비용 상승을 제품에 전이시키지 못한 중국 제조업체 채산성만 악화했습니다.

## 물가 관리 주력하는 중국 당국

제로코로나 정책에 따른 봉쇄 역풍으로 중국인이 지갑을 닫아 내수가 침체된 것도 소비자물가 상승률이 낮게 유지될 수밖에 없는 이유였습니다. 중국의 소매판매는 2022년 4월과 5월 각각 −11.1%, −6.7% 낙폭을 기록했습니다.

또 중국 공산당은 예로부터 물가 상승을 사회 안정을 뒤흔들 수 있는 불안 요인으로 보고 경계해 왔습니다. 과거 1989년 톈안먼 사태도 사실상 인플레이션과 취업난이 고조돼 불만이 걷잡을 수 없을 정도로 커진 서민들이 정부에 반기를 들고 일어난 것이기 때문입니다.

## 중국 당국의 따뜻한 통화정책

전 세계 각국이 인플레이션을 걱정하고 있지만 중국은 남의 이야기를 듣는 모습입니다. 물론 일각에서는 치솟는 원유와 곡물가격으로 중국 소비자물가가 상승할 수 있다고 우려하기도 하는데요. 세계은행은 브렌트유와 밀 가격이 2022년 약 40% 상승할 것으로 추산했습니다. 이는 중국에 수입형 인플레를 유발할 수도 있었습니다.

전문가들은 향후 중국 소비자물가는 주로 우크라이나 전쟁에 따른 원자재 가격 상승, 대외 수요 감소, 위안화 환율의 영향을 받을 것으로 예측하고 있습니다. 또 돼지고기 가격 상승 주기와 경기 회복세가 소비자 물가를 끌어올리겠지만 연 평균 물가는 양호한 수준을 유지할 것으로 예상하고 있습니다.

중국 정부는 인플레이션보다 코로나19 역풍으로 인한 내수 부진이 더 큰 고민거리로 보입니다. 그래서 전문가들은 중국 정부가 경기 부양을 위해 미국의 공격적인 금리 인상 움직임을 봐 가면서 추가 통화 완화에 신중하게 나설 것으로 예상했습니다.

## 2022년 2회에 걸쳐 지급준비율 인하

2022년 11월 25일 중국 인민은행은 홈페이지에 올린 공고문을 통해 12월 5일부터 은행 지급지준율을 0.25%포인트 인하한다고 밝혔습니다. 코로나19로 타격을 입은 분야를 지원하기 위한 조치였지요. 중국이 2022년 두 번째로 지준율을 인하했습니다.

인하 후 중국 금융권의 가중평균 지준율은 7.8%로 낮아졌습니다. 지준율 인하로 시중에 공급되는 장기 유동성은 5000억 위안(약 93조 원)에 달할 것으로 보았습니다. 인민은행 관계자는 유동성을 합리적으로 충분히 유지하면서 신중한 통화 정책의 이행을 강화할 것이라고 전했는데요.

앞서 인민은행은 2022년 4월에도 은행 지준율을 0.25%포인트 인하했습니다. 2021년 12월 0.5%포인트 인하 이후 넉 달 만이었습니다. 당시 인민은행은 지준율 인하로 시장에 공급되는 장기 유동성이 5300억 위안에 달할 것으로 전망했습니다.

이번 인하 결정은 코로나19 확산으로 일일 신규 감염자 수가 3만 명을 넘어서고 베이징과 상하이, 광저우 등 대도시가 봉쇄로 신음하는 가운데 내려졌습니다. 전문가들은 중국 산업생산의 21.1%를 차지하는 지역이 봉쇄 영향을 받고 있다고 추산했습니다.

중국의 지준율 인하는 세계 금융 시장의 흐름을 좌우하는 미국 연방준비제도의 긴축 흐름과 반대의 움직임입니다. 세계 주요국이 인플레이션을 잡기 위해 긴축 흐름에 동참하고 있지만 중국은 코로나19 대확산으로 큰 충격을 받고 있는 자국 경제를 안정화하기 위해 반대의 선택을 하고 있는 상황이었습니다.

## 상하이 봉쇄 이후 7개월 '최악' 경기 위축

2022년 11월 중국 제조업, 비제조업 경기 지수가 상하이 봉쇄 이후 7개월 만에 최악을 기록했습니다. 제로코로나 등으로 경기가 계속 위축되고 있다는 것을 보여 주는 신호인데요. 중국 국가통계국은 2022년 11월 공식 제조업 구매관리자지수(PMI)가 48.0으로 집계됐다고 밝혔습니다. 이것은 10월(49.2)은 물론 시장 예상치(49.0)를 하회하는 수준이었습니다.

두 달 연속 위축 국면을 이어 간 것이자, 2022년 4월 이후 7개월 만에 최저 수준을 기록한 것인데요. 중국의 월간 제조업 PMI는 상하이 봉쇄 사태가 한창이던 2022년 4월 우한 사태 이후 2년여 만에 최저인 47.4까지 떨어진 바 있습니다. 2022년 9월 들어 중국 당국의 경기 부양책과 이상기후 영향이 완화되면서 제조업 경기가 기준선을 넘었다가 10월부터 다시 위축 국면을 이어 갔습니다.

PMI는 제조업 경기를 파악하는 데 중요한 선행 지표입니다. 기준 선인 50을 넘으면 경기 확장, 넘지 못하면 경기 위축을 의미합니다. 대기업뿐만 아니라 중소기업, 소형 기업 모두 기준선을 하회했는데 요. 기업 규모별로 보면 대기업 PMI, 중소기업 PMI, 소형기업 PMI 는 각각 전월 대비 1.0포인트, 0.8포인트, 2.6포인트 떨어져 49.1, 48.1, 45.6을 기록했습니다.

중국 정부가 부동산 부양책 등을 통해 시중에 유동성을 풀고 있으나 제로코로나 등으로 이동이 제한되는 등 정작 쓸 수 있는 기회가 사라지면서 기업활동이 크게 둔화됐습니다. 제조업 PMI를 구성하는 생산지수와 신규 수주지수, 물류 배송지수, 원자재 재고지수 등 5개 지수도 기준선인 50을 밑돌았는데요. 생산지수, 신규 수주지수, 원자재 재고지수, 종업원지수, 공급업체 배송시간 지수는 각각 47.8, 46.4, 46.7, 47.4, 46.7로 전월 대비 하락했습니다.

서비스업과 건축업 등의 경기를 반영하는 비제조업 PMI는 더 큰 폭으로 떨어졌습니다. 11월 비제조업 PMI는 전달보다 2.0포인트 낮아진 46.7을 나타냈습니다. 역시 두 달 연속 위축세를 보인 것인데요. 중국 비제조업 PMI는 2022년 6월 4개월 만에 위축 국면에서 벗어난 이후 넉 달 연속 확장 국면을 이어 갔지만 줄곧 하락세를 보였습니다. 특히 서비스업 활동 지수가 45.1로 전달보다 1.9포인트 낮아졌습니다.

반면 중국 당국의 부양책에 힘입어 건설업 활동 지수는 55.4로 여전히 기준선을 웃돌았는데요. 이 중 토목건설업은 62.3으로 집계됐습니다. 이에 따라 제조업과 비제조업 PMI를 취합한 11월 종합 PMI는 47.1로 두 달 연속 기준선을 하회했습니다.

이는 중국기업 생산 경영활동이 둔화세를 보이고 있음을 보여 준 것인데요. 코로나19 재확산, 국제 환경의 복잡성 등 여러 악재가 제조업 경제에 영향을 주었고, 특히 영세 기업의 생산, 경영 부담이 더 커지고 있는 것으로 분석했습니다.

## 제로코로나 + 글로벌 경기 둔화 = 역성장

2022년 11월 중국의 수출입이 두 달 연속 역성장하는 모습을 보였습니다. '제로코로나' 정책과 글로벌 경기 둔화 등이 맞물린 결과로 보았는데요. 특히 수입은 코로나19 확산 속에 내수 침체까지 겹치며 두 자릿수 감소세를 보였습니다. 중국 경제 지표 중 그나마 견고한 모습을 유지했던 수출이 둔화세를 보이면서 경제 침체 먹구름이 더욱 드리우는 분위기였습니다.

어라, 중국이 읽어지네

## 11월 중국 수출입 두 달 연속 '마이너스'

2022년 12월 중국 해관총서에 따르면 중국의 11월 교역액은 달러 기준으로 전년 동기 대비 9.5%나 감소한 5223억 4000만 달러(약 686조 원)를 기록했습니다. 이 중 수출액은 달러 기준 2960억 9000만 달러로 전년 동기 대비 8.7% 줄었는데요. 코로나19 발생 초기인 2020년 3월 이후 최악의 성적입니다.

수출은 경기 둔화 속에 유일하게 중국 경제의 버팀목 역할을 해 왔다는 평가를 받았습니다. 중국 성장의 3대 축으로 꼽히는 부동산, 내수, 수출 가운데 부동산과 내수 경기가 빠르게 위축된 것과 달리 수출은 그나마 잘 버텨 주는 모습이었지요. 하지만 10월, 코로나19 사태 초기인 2020년 5월 이후 29개월 만에 처음으로 마이너스 성장세를 보인 데 이어 두 달 연속 감소세를 기록한 것입니다.

미국 등 주요 국가의 높은 인플레이션에 따른 글로벌 수요가 줄어든 데다가 중국 제로코로나 정책에 따른 일부 생산시설의 가동 중단까지 더해지면서 제조업이 타격을 입었는데요. 또 위안화 약세와 연말 쇼핑 시즌 등 여러 호재에도 중국 수출 기업은 크게 힘을 쓰지 못하는 모습이었습니다.

수입도 직격탄을 맞았습니다. 2022년 11월 중국의 수입은 2262억 5000만 달러로 전년 동기 대비 10.6%나 줄었습니다. 코로나19의 중국 내 전방위 확산으로 소비 심리가 크게 떨어졌는데요. 중국의 수입 감소 폭이 두 자릿수를 기록한 것은 2020년 6월 이후 처음입니다. 11월 무역수지 흑자 규모는 698억 4000만 달러로 집계됐습니다. 수출과 수입이 동반 부진하면서 흑자 폭은 전월에 기록한 851억 5000만 달러 대비 18.0%나 줄었습니다.

같은 기간 위안화 기준으로도 수출은 전년 동기 대비 0.9% 증가한 2조 995억 6000만 위안을 기록했습니다. 전달 7.0% 증가에서 6% 포인트 넘게 감소한 것인데요. 수입도 큰 폭으로 줄었습니다. 11월 수입은 1조 6052억 4000만 위안으로 1.1% 감소했습니다.

## 회복에 총력전 펼치는 중국

당시 계속해서 나오는 중국 경제 성적표가 이렇게 저조한 상황이라 중국 당국도 가만히 있을 수는 없었던 것 같습니다. 드디어 코로나19 방역 빗장을 풀며 경제 회복에 총력전을 펼쳤습니다. 막고 있던 문을 풀기 시작한 중국을 전 세계가 주목하는 모습인데요.

중앙에서 결정된 정책이 멀리멀리 아래 지방까지 빠르게 전달되고 실행되는 모습입니다. 정책이 결정되어 실행되고 있기 때문에 약효가 얼마나 있는지, 바른 처방을 했는지, 다른 처방이 필요한지 진단하는 시간이 필요할 것으로 보았고, 바른 처방이 나와서 빠르게 회복되길 전 세계가 바라고 있는 시점이었습니다.


## '리오프닝 약발이 더 필요해'

2023년 초 중국의 리오프닝(경제활동 재개)에 전 세계 시선이 쏠렸는데요. 중국 또한 힘을 받아 힘차게 올라 쳤던 그 시기가 어느새 지나가고 침체의 흐름을 이어가고 있는 2023년 7월. 제조업은 4개월째 위축 국면에서 벗어나지 못했고, 고용시장에 몰아친 한파는 좀처럼 수그러들 기미를 보이지 않고 있는데요.

2022년 12월 47.0까지 내려갔던 중국의 월간 제조업 PMI는 '위드 코로나' 전환에 힘입어 2023년 2월에는 2012년 4월 이후 11년 만에 최고치인 52.6을 찍었습니다. 이후 3월에는 51.9를 찍고 확장 국면을 유지했는데요. 4월 다시 49.2로 내려앉은 이후 위축 국면을 벗어나지 못하고 있습니다.

### 내수 부양 총력, 소비 촉진책 발표

중국이 경기 반등을 위해 자동차, 전자제품 등의 소비 촉진책을 내놓았습니다. '리오프닝' 효과를 기대했던 중국 경제에 오히려 침체의 그림자가 드리우자 소비 효과가 큰 자동차와 전자제품 구매를 장려해 내수 활성화를 유도하는 모습인데요.

중국 국가발전개혁위원회는 2023년 7월 '자동차 소비 촉진에 관한 조치'와 '전자제품 소비 촉진에 관한 조치'를 내놓았습니다. 정부 관계자는 "관련 부처와 소비를 위축시키는 요인에 대한 분석을 통해 자동차 및 전자제품 소비 촉진을 위한 포괄적인 정책을 마련한 것"이라며 "하반기 경기회복세를 유지하고, 제조 및 고용 시장을 활성화하고, 경제성장률 목표치를 달성하기 위한 것"이라고 설명했습니다.

자동차 소비 촉진책은 노후 차량 교환 지원, 중고차 시장 육성, 신에너지차(전기, 수소, 하이브리드차) 지원시설 확대, 신에너지차 구매세 감면 연장, 공공분야 신에너지차 구매 확대, 주차장 확충 등 10개 조치로 구성됐습니다.

대표적으로는 신에너지차 충전소 등 관련 인프라 확충과 세금 면제 확대, 공공부문 신에너지차 구매 비율 제고 등이 포함되었는데요. 자동차 구매 대출 한도와 금리, 상환 기간 역시 조정됩니다. 특히 농촌 지역에 대해서는 친환경 전자제품 판매팀을 별도로 구성해 판매 활동을 진행하고 낡은 제품을 교환할 때 보조금도 지급할 예정입니다.

중국이 2023년 2분기 경제성장률이 2022년 고강도 방역 정책으로 인한 기저효과에도 불구하고 시장 전망치 7%를 크게 밑도는 6.3%를 기록하자 전문가들은 중국이 2023년 초 보수적으로 설정한 목표치 5% 안팎 달성도 어려워질 수 있다고 보고 있습니다. 이에 중국 상무부를 비롯한 경제부처 13곳이 가계 소비 진작을 위한 11개 정책을 발표하는 등 연일 내수 관련 부양책을 쏟아 내며 내수 소비 확대에 총력을 기울이고 있습니다.

이제 중국이 정말 어려운 상황에 놓여 있고 이번에는 곳곳에서 터질 때가 됐다고 주장하는 정재계 관계자들도 있습니다. 하지만 터진다는 말은 10년 전에도 있었고 중국 정부가 상황에 맞게 잘 대응해 나갈 것이란 의견도 많은 시점입니다.

제2부

# 미중 고래싸움에 껴 있는 코리아

# '아쉬운 미국' VS '우상향 중국'

사실 미중 관계, 그리고 미중 고래싸움에 껴 있는 한국의 모습이 간단하게 설명할 수 있는 부분은 아닌데요. 미중 관계와 무역전쟁에 대해 제 관점에서 포인트만 콕! 집어서 정리해 보려고 합니다.

현재 미국과 중국 사이의 패권경쟁이 나날이 치열해지고 있는 상황인데요. 미국과 중국 이야기가 나오면 많이 등장하는 단어가 있습니다. 바로 '패권'이라는 말이지요. 국어사전에서 패권의 의미는 "어떤 분야에서 우두머리나 으뜸의 자리를 차지하여 누리는 공인된 권리와 힘"이라고 설명합니다.

시간을 1990년대로 좀 돌려 보겠습니다. 저는 1990년대에 중·고등·대학교 시절을 보냈는데요. 냉전 종식 이후 1990년대 세계는 미국 단일 패권의 시대를 맞이했습니다. 경제, 군사력 등의 규모에서 미국과 견줄 수 있는 나라가 없었는데요.

당시 미국을 표현할 때 초일류 강대국이라는 표현을 사용했던 기억이 있습니다. 당시 부모님이 곳곳에 있었던 수입코너에서 수입 초콜릿, 사탕 등의 먹거리를 사 주셨던 기억이 있는데요. 부모님이 사 주신 수입 초콜릿을 학교에 가서 자랑스럽게 친구들에게 나눠 준 기억도 있습니다. 이런 상황에서 미국은 세계 중심 역할을 맡으며 자유, 민주주의, 시장경제 등의 미국 마인드와 스타일을 전 세계에 확산시켰습니다.

하지만 2000년대 들어 미국이 점점 어려울 일들에 직면하게 되는 듯 보입니다. 2001년 전 세계 신문의 헤드라인을 장식했던 9·11테러, 기억나시나요? 그리고 아프가니스탄, 이라크 전쟁으로 미국은 쉽지 않은 길을 걸어갔고 이로 인해 막대한 비용과 에너지를 소모하게 됐습니다.

또 2008년 글로벌 금융위기의 진원지가 되며 다시 한번 국가재정에 막대한 타격을 입게 되는데요. 이러한 일들을 겪으면서 국가부채가 눈덩이처럼 쌓이고 있다는 소식을 들었습니다.

게다가 2020년 코로나19 확산으로 엄청난 규모의 경제적 피해를 입으며 미국 경제에 냉기가 흐르고 있는 상황인데요. 20년이 지나는 동안 미국의 모습을 볼 때 아쉬운 부분이 참 많은 것 같습니다.

물론 플러스되는 긍정적인 부분도 많이 있습니다.

한편, 중국은 미국과 다르게 지난 20년간 빠른 우상향 전진 중인 모습인데요. 가장 큰 변곡점이라 할 수 있는 것은 다름 아닌 2001년 세계무역기구 가입이라 할 수 있습니다. 세계무역기구 가입은 중국에서 정말 많은 변화를 가져온 것으로 평가받고 있습니다. 이것은 중국을 세계 무대에 올리는 중요한 긍정적인 사건이 되었습니다. 2001년 중국에는 이런 긍정적인 사건이 있었지만 미국은 2001년 9·11테러라는 참 안타까운 사건이 있었는데요.

이것을 통해 중국은 세계 최대 수출국으로 성장했고 미국과 견줄 정도의 세계 최대 무역국으로 자리 잡게 되었습니다. 2001년 당시 자신만만했던 초일류 강대국이었던 미국은 앞으로 펼쳐질 중국의 모습을 상상하지 못했던 걸까요?

다수의 경제학자들은 중국이 서방국가들과 비슷한 모습으로 변하게 될 것이라고 예상했습니다. 미국을 비롯한 서방국가들이 그렇게 생각을 했기 때문에 중국의 WTO 가입이 가능했다는 의견도 있지요.

앞서 언급한 것처럼 중국은 WTO를 발판 삼아 초고속 성장세를 이룰 수 있었습니다. 또한 서방 국가들의 예상과 다르게 사회주의 체제를 유지하면서 이런 놀라운 성장을 이루고 있는데요. 중국은 자본주의 마인드와 사회주의 마인드를 동시에 드러내며 거대 국가로 올라섰습니다. 그래서 중국식 자본주의 방식에 대해 긍정적인 평가를 내는 일부 학자들도 있습니다.

이렇게 중국은 2001년부터 초고속 성장을 이어 갔습니다. 그리고 2008년에는 미국에서 글로벌 금융위기가 시작되어 전 세계 국가들이 초긴장하며 어려움을 겪었는데요.

중국은 당시 전 세계 구원투수를 자처하며 4조 위안 상당의 경기부양책을 쏟아 냈습니다. 그리고 질식상태에 빠져 있던 전 세계 경제에 숨통을 트게 해 주며 중국은 2008년 글로벌 금융위기를 잘 극복했습니다. 또 그 시기 베이징올림픽을 통해 중국의 강한 모습을 전 세계에 드러낼 수 있었는데요.

서방국가들은 모른 척하고 싶고, 인정하고 싶지 않았지만 전 세계는 서서히, 아니 빠르게 떠오르고 있는 중국의 모습을 명확하게 볼 수 있었습니다. 그리고 2020년 시작된 코로나19 또한 전 세계 경제 방향과 반대로 가며 잘 극복했습니다.

이렇게 중국은 2000년대 들어 미국과는 조금 다르게 힘을 받으며 우상향 전진 중이고 전 세계에 중국의 입지를 확실하게 알리고 있는 상황인데요. 각종 보고서와 연구결과마다 차이는 있지만 앞으로 몇 년 혹은 몇 십 년 안에 중국이 미국을 제치고 GDP 측면에서 세계 최대 경제국으로 등극할 것으로 예상하고 있습니다.

이와 같이 21세기 들어 계속해서 빠르게 성장하는 중국의 부상이

어라, 중국이 읽어지네

세계질서에 어떤 영향을 미칠 것인가에 대해 여러 가지 의견이 있습니다. 중국은 성장하면서 보다 공격적인 성향을 보일 것이고 기존 미국 중심의 국제질서 변화를 추구할 것으로 보는 주장과, 현재 국제정치 및 경제체제 가운데 중국이 성장하고 있기 때문에 중국은 이에 큰 마찰 없이 따라갈 것이란 주장도 있습니다.

물론 오늘날처럼 전 세계 모든 국가들이 경제적으로 상호의존하는 상황에서 미국과 중국의 경쟁이 전쟁까지 이어질 가능성은 매우 낮다고 봅니다. 미국과 중국 경제 역시 상호의존도가 상당히 높기 때문에 각각 자국의 이익을 챙기기 위해 조금씩 양보할 여지가 있기 때문이지요.

하지만 중국은 성장하면서 국제사회에서 자국의 목소리를 높일 것으로 예상됩니다. 이런 모습은 아마 미국과의 관계에서 부정적인 영향이 될 것으로 보입니다. 이런 상황이다 보니 미국이 무역전쟁을 선포하고 중국 제재조치를 취하며 다시 세계 중심의 위치를 찾아가려는 모습인데요. 지금의 중국이 2001년 세계무역기구에 가입할 당시의 상황과 입장이 아니라는 것은 미국도 알고 전 세계가 알고 있는 상황입니다.

# 미국 VS 중국, '무역전쟁'

한쪽에서 위협을 가했을 때 한쪽에서 수긍하고 받아들이면 싸움이 되지 않지만, 한쪽에서 위협을 가했을 때 다른 한쪽에서도 같은 위협을 가하거나 반응을 보이면 싸움이 일어나는데요.

특히 트럼프 전 대통령은 대선 후보시절부터 보호무역을 주장해 왔습니다. 특히 막대한 무역적자를 안기는 중국을 딱 집어서 수차례 공격했습니다. 실제 당선 이후에는 수입품에 25% 관세를 부과하며 미중 무역전쟁을 선포했는데요. 이에 발끈한 중국도 가만있지 않았습니다. 이전의 중국이라면 어떨지 모르겠지만 지금의 중국은 순순히 앉아서 당하고 있지는 않겠죠? 중국은 물러서지 않고 미국 수입품에도 관세를 매기라고 했는데요

미국도 아마 예상했을 것 같습니다. 트럼프 전 대통령은 다시 비관세조치도 가동하라면서 앞으로 화웨이와 거래하지 말라고 했는데요. 그러면서 화웨이는 미중 갈등 속에 어려움이 시작됩니다. 스마트폰 세계 1위를 노리던 화웨이는 인텔, 퀄컴의 부품은 물론 구글의 안드로이드 운영체제도 사용하기 어렵게 되었습니다. 아마 화웨이 관계자들은 이게 무슨 날벼락이냐며 눈물을 흘리지 않았을까 생각됩니다.

트럼프 전 대통령이 중국의 기술 굴기에 핵펀치를 날린 것인데요.

핵펀치를 맞은 중국은 과연 이대로 물러섰을까요?

중국의 대미수출액이 미국의 대중수출액보다 4배 이상 많은 것으로 알려져 있는데요. 만약 똑같이 상대방에게 보폭 관세를 매기면 미국보다 중국이 더 큰 피해를 입게 됩니다. 여기에 중국은 화웨이 사태까지 터진 상황이고요.

중국 입장에서는 아무래도 강한 펀치 하나가 필요한 상황인데요. 어떤 펀치를 준비했을까요?

이런 상황에서 시진핑 주석은 희토류 생산기지를 방문했습니다. 왜 희토류 생산기지를 방문했을까요? 희토류는 휴대전화, 컴퓨터, 자동차 등 첨단제품에 들어가는 희귀금속인데요. 중국이 전 세계 생산량의 70~90%를 차지하는 것으로 알려져 있습니다.

미국에게 안 줄 수도 있다는 시그널을 보낸 것인데요.

  우리가 희토류 생산을 거의 다 하는데, 요즘 이거 필요한 나라 많다. 너희들 아니어도 팔 수 있다.

이런 의미가 담겨 있다고 보고 있습니다.

미중 양국이 무역전쟁을 넘어 패권경쟁까지 이어지는 이런 상황이 앞으로 한동안 지속될 것으로 전문가들은 예상하고 있습니다. 우리 국내 경제에도 미치는 영향이 크기 때문에 계속해서 관심 있게 지켜볼 필요가 있을 것 같습니다.


## 불편한 존재 VS 핵이득 '칩4'

한국과 중국은 냉전이 종식된 후인 1992년 8월 24일 외교관계를 수립했는데요. 한중 수교 30년. 그동안 한중 양국은 경제, 사회, 문화 등 여러 분야에서 교류하며 함께 발전하고 성장해 오고 있습니다. 하지만 지정학적 한계와 상호 신뢰의 부족으로 가깝고도 먼 관계를 이어 가고 있는데요.

최근 한중, 한미 관계를 불편하게 만드는 게 있습니다. 바로 이슈가 되고 있는 칩4인데요. 미중 관계 속의 한국, 그리고 칩4에 대한 정부, 기관, 산업 등 각계 분야가 생각하는 방향은 어떤 모습인지 정리해 보려고 합니다.

칩4에 대한 이슈는 앞으로 한동안 지속될 수 있는 부분이라서 지금 정리해 드리는 내용 정도만 잘 이해한다면 어디에 가서 '아는 척' 좀 할 수 있을 것 같습니다. 그리고 상황이 또 빠르게 변할 수 있다는 것도 미리 말씀드립니다.

먼저 칩4는 반도체의 생산과 공급을 안정화하기 위해 미국이 주도하는 4개국 동맹 협의체라고 할 수 있는데요. 여기에서 칩은 반도체, 4개국은 미국, 한국, 대만, 일본입니다.

누구를 배제하자는 것이 아니라 세계 경제를 좌우하는 핵심소재인 반도체의 생산과 공급을 원활하게 하자는 것인데요. 미국이 중국의 반도체 산업발전을 억제할 목적인 중국 견제방안으로 칩4가 추진되고 있다고 알려져 있습니다.

칩4의 4개국이 모두 반도체 분야에서는 '탑'이라고 할 수 있지요. 쉽게 말해 미국의 원천기술과 한국은 메모리반도체 제조, 대만은 비메모리반도체 제조, 그리고 일본의 장비와 소재 협력을 통해 반도체 공급망 네트워크를 완성하겠다는 목적입니다.

조금만 더 설명을 드리면, 반도체 설계 기술의 최강자로 수많은 특허권을 보유한 미국. 미국이 팹리스는 강국이치만 반도체 파운드리(생산)는 다소 취약한 상황인데요. 칩4에 대한 소식이나 뉴스를 보게 되면 팹리스, 파운드리라는 표현을 많이 듣게 됩니다.

팹리스는 자체 공장은 없지만 반도체 설계만을 전담하는 기업을 말하고요. 대표기업으로는 미국의 엔비디아, 퀄컴 등이 있습니다. 파운드리란 팹리스 고객으로부터 위탁받은 제품을 생산하는 기업을 말하는데요. 대표기업으로는 TSMC, 삼성전자가 있습니다.

계속 이어 가겠습니다. 일본은 반도체 핵심소재, 반도체 장비 분야에 강점을 갖고 있습니다. 대만은 TSMC라는 파운드리 산업의 세계 1위 기업이고요. 한국은 삼성전자, SK하이닉스가 메모리반도체 분야에서 '탑'을 달리고 있습니다.

중국 반도체 기업들이 국가적 지원을 받으며 빠르게 성장하고 있는데요. 성장하면서 글로벌 기업들을 압박하고 있고, 중국의 반도체 생산 점유율이 미국을 넘어섰다는 소식까지 나오자 미국이 중국을 견제하기 위한 방안으로 칩4의 목적을 보고 있습니다.

미국 주도의 글로벌 반도체 공급망이 재편되는 이 모습 가운데 한국 반도체 산업도 어려움을 겪고 있는 상황인데요. 미국의 칩4 동맹 협의체의 실제 목적이 반도체 공급을 위한 목적 외에 두 가지 더 보고 있는데요.

하나는 앞서 언급했던 중국 견제방안이고, 두 번째는 세계무대에서 미국이 다시 반도체 우위를 선점하겠다는 것입니다. 앞서 말씀드린 것처럼 2000년부터 약 20년간 세계무대에서 잃어버리고 있는 위상을 다시 찾기 위한 움직임으로 볼 수 있는데요.

한국이 염려하는 부분은 중국과의 관계입니다. 2022년 한중 수교 30주년을 맞이한 한중 양국이 더 가까운 모습으로 발전해 나가야 하는데요. 칩4로 인해 관계가 불편해질 수 있어서 한국의 여러 분야에서 관심 있게 지켜보고 있습니다.

중국은 한국이 칩4에 함께 하는 것을 반대하고 있습니다. 미국이 중국을 견제하기 위한 동맹체에 한국이 가입하지 말라는 것이지요. 많은 사람들이 사드 때와 같이 중국이 여러 분야에서 한국에 보복

어라, 중국이 읽어지네

할 수 있다고 우려하고 있습니다 특히 사드 때와 같이 한중 관계가 불편해지면 양국 시민들이 자발적으로 나서서 불매 운동 등을 통해 불만을 표출할 수 있을 것으로 보고 있습니다.

전문가들은 지난 사드 이후 한중 젊은 사람들 사이에 반한, 반중 감정이 악화됐다며 양국 발전을 위해 이런 반한, 반중 감정은 도움이 되지 못한다고 지적했습니다. 그러면서 이런 부분들을 잘 살펴보면서 크게 파급되지 않도록 중국과 소통하는 것이 중요하다고 강조했는데요.

한국과 중국은 반도체산업에서 매우 유기적인 긴밀한 협력 관계를 맺고 있습니다. 반도체산업에서 한국은 공급자, 중국은 수요자의 관계로 현재 중국에서 많은 양의 반도체를 한국으로부터 공급받고 있는 상황이지요. 한국이 반도체 생산을 못하거나 지연되면 반도체 공급을 받지 못하는 중국도 피해를 입을 수 있습니다.

2022년 초 중국 산시성 시안이 코로나19 발발로 봉쇄됐을 때, 현지 지방정부와 중앙정부까지 나서서 국내외 공급망 혼란이 초래되지 않도록 시안에 소재한 삼성 반도체 공장 조업에 문제없도록 함께 협력했다는 소식이 들렸는데요.

한 전문가는 이 사례를 통해 중국이 한국기업, 특히 한국 반도체 기업을 바라보는 시각을 알 수 있었다고 합니다. 중국 입장에서는 자국에 진출한 한국기업이 가진 전략적 가치와 공급망 비중을 무시할 수 없었던 것이지요.

그래서 한국이 칩4에 가입하는 데 맞서 중국이 삼성전자를 제재한다면 결국 중국과 삼성전자의 공멸을 초래할 것으로 이로 인한 중국의 보복 가능성은 매우 낮은 것으로 보고 있습니다.

중국 의존도가 60%에 달하는 삼성전자는 중국에 반도체를 팔지 못하면 큰 타격을 입겠지만, 중국도 삼성이 공급하는 대용량 반도체의 대체재를 찾을 수 없을 정도로 한국 의존도가 높은 상황입니다.

그래서 한중 양국이 결국 반도체 분야에서는 더욱 협력을 강화할 수밖에 없다는 것인데요. 다수의 전문가들은 중국이 한국의 칩4 동맹 가입을 막기보다는 칩4 동맹에 가입해서 중국의 입장을 잘 전해주기를 바랄 수 있다고 예상하고 있습니다.

현재 세계적으로 반도체 공급이 어려워서 이렇게 원활한 반도체 공급을 위해 칩4 동맹을 맺자는 것이지요. 칩4 동맹이 일단 동맹국 간의 반도체 공급이 먼저 이뤄지는 것은 당연하겠죠. 반도체가 부족하면 당연히 동맹국 간에 서로 먼저 주고받게 될 것이고요.

만약 한국이 칩4에 들어가지 않으면 자연스럽게 반도체 공급을 받지 못하거나 늦게 공급받게 될 텐데요. 아무래도 동맹국 간에 먼저 필요한 부분을 나눠서 공급하고 사용한 후 다른 곳에 제공하게 될 것입니다. 이렇게 반도체 생산을 못하거나 늦어지면 한국 반도체 경쟁력이 떨어질 수밖에 없는 상황이 될 것입니다.

어라, 중국이 읽어지네

아쉽게도 전문가들은 현재 미국의 장비 없이 한국 제조시설을 구축할 수 없고, 일본의 소재 없이 제조시설을 운영할 수 없다고 하는데요. 미국과 일본의 협력이 없다면 한국 반도체 경쟁력이 떨어질 수 있다고 합니다. 이 부분이 참 중요하고 아쉬운 부분이라고 생각합니다.

우리가 중국의 눈치를 보면서 칩4 동맹을 맺지 않으면 이와 같이 반도체 생산이 어려워지고, 우리의 경쟁력이 떨어질 뿐만 아니라 중국도 우리에게 반도체를 공급받지 못하기 때문에 중국도 참 어려움이 클 텐데요.

우리에게 반도체를 공급받지 못한다면 분명 어디에선가 공급을 받아야 하겠죠. 어디에서 받아야 할까요? 바로 핵펀치를 날리며 패권 경쟁을 하고 있는 미국에서 반도체를 공급받아야 할 것입니다. 그런데 지금 이렇게 펀치를 날리고 있는데 펀치 날리며 아쉬운 소리를 하기는 어렵겠지요. 중국 입장에서 본다면 그래도 미국보다는 한국에게 반도체를 달라고 해서 공급받는 게 더 낫다고 보지 않을까 생각됩니다.

또 한편, 반도체 수출의존도가 높은 한국은 미국 입장만 들어줄 형편은 못됩니다. 한국 반도체 수출에서 중국 시장이 차지하는 비중이 40%가 넘는데요. 홍콩(20%)까지 더하면 60%에 달할 정도로 경제적 의존도가 매우 큰 상황입니다.

한국이 반도체를 전 세계에 100개 팔아서 돈을 버는 상황이라면 그 중 60개를 중국 시장에 팔아서 돈을 벌고 있다는 것인데요. 한국 입장에서는 중국이 놓칠 수 없는 VIP 고객과 같습니다.

반도체는 한국 수출의 효자종목이고 그 반도체 수출의 60% 중국. 그런데 칩4가 가동되어 중국에 대한 반도체 수출이 금지된다면 한국 경제에 큰 타격이 있을 것이란 예상은 누구나 쉽게 할 수 있을 텐데요.

한국 수출입통계를 보면 계속 무역수지 적자를 이어 가며 위기상황 속에 수출 비중이 가장 높은 반도체의 중국 수출까지 막히면 한국 경제에 상당히 심각한 위기가 올 수 있다는 것입니다. 특히 중국에 생산시설을 두고 있는 삼성전자와 SK하이닉스 등 우리 기업이 직접적인 피해를 입을 것이란 우려의 목소리가 나오는 상황입니다.

각계 전문가들은 한국이 너무 중국과 미국 등 다른 나라의 눈치 볼 필요가 없다고 하는데요. 메모리반도체는 한국의 영향력이 크고 아직 한국의 경쟁력을 따라올 자가 없다는 것입니다. 칩4가 가동되면 우리나라가 그 안에서 방향을 제시하고 의견을 강하게 제안하며 국익에 도움이 되는 방향으로 전개해 나가야 한다고 조언하였습니다.

또 칩4가 4개국 외에 다른 관련된 나라들이 함께 참여할 수 있도록 더 개방시키고 이 공급망이 미국의 국익이 아닌 전 세계 반도체 공급을 위한 방향으로 전개하면서 중국과 이런 이야기를 계속 나눠야

할 필요가 있습니다.

중국경제전문가들은 미국의 대중 반도체 정책이 실시되면 중국의 첨단반도체 생산은 어려워질 것으로 보고 있습니다. 첨단장비의 대중국 공급이 중단되면 중국이 자체 생산을 추진한다고 해도 한중 양국의 기술격차는 현재 2~7년에서 4~14년 정도로 크게 벌어질 것으로 예상하고 있습니다.

하지만 현재 전 세계 반도체 소비량의 60% 이상이 중국 시장이고, 중국 자체소비만 30%가 넘습니다. 미국 3대 반도체 장비업체의 대중 매출비중도 약 30%, 반도체 회사들의 대중 매출 비중은 30~60%인 상황입니다.

이렇게 보면 미국도 자국 기업의 피해를 피할 수 없는 상황인데요. 이런 미국의 대중 반도체 규제가 한중 반도체 경쟁에서 시간을 크게 벌어 줄 것으로 예상하고 있습니다.

많은 학회 관계자들도 미중 패권 경쟁이 한국 반도체 산업에 도움이 될 수 있다고 입을 모으고 있습니다. 앞서 언급한 것처럼 미국의 중국 제재로 인해 중국 반도체 산업 발전이 지연될 때, 기술력이 앞선 한국과 중국과의 반도체 경쟁력이 더 크게 벌어질 수 있다는 것입니다.

다수의 전문가들은 미국의 법안과 전략에 대해 한국의 분명한 입장과 방향을 잘 검토해야 한다며 그래야 우리의 국익 손실을 최소화할 수 있는 전략을 마련할 수 있다고 조언하고 있습니다. 또 미국의 전략에 대한 중국의 반응을 신경 쓰기보다는 반도체 강국으로 우리 입장을 잘 전할 필요가 있다고 강조하고 있습니다.

또 한중 양국은 반도체 산업에서 긴밀한 협력 관계이고 중국도 60% 정도를 한국에게 공급받고 있는 상황이라 보복하거나 함부로 하지는 않을 것으로 보고 있습니다. 미국의 기술 없이는 우리 반도체 생산이 어렵다는 것을 중국에 잘 설명하고, 중국 시장도 우리 반도체를 필요로 하고 있다는 이런 긴밀한 관계를 잘 설명하며 협력 관계를 유지하는 게 중요하다고 입을 모으고 있습니다. 미중 고래 싸움에 피해 보지 않도록 우리 나라가 중심을 잡고 외교력을 발휘해야 할 시기인 것은 분명한 것 같습니다.

## 미중 반도체 패권싸움

높은 수준의 과학기술 자립, 자강 실현을 이루고, 국가 전략의 수요를 지향점으로 삼아 역량을 집중해 원천 과학기술 난관을 돌파, 핵심 기술 싸움에서 이겨야 한다.

시진핑 주석이 기술자립을 강조하면서 언급한 말인데요. 미국이 반도체 분야를 중심으로 중국의 발전을 압박하고 있는 가운데 전략적 핵심 기술 개발의 필요성을 역설한 것입니다.

## 미국 공세 VS 중국 맞대응

반도체가 글로벌 기술 패권의 핵심으로 떠오른 만큼 반도체를 둘러
싼 미국과 중국 간 패권 싸움이 갈수록 거세질 것으로 보이는데요.
특히 미국은 새로운 제재를 검토하고 있고, 중국은 맞대응에 나서
며 '강 대 강'으로 치닫고 있는 모습입니다.

조 바이든 미국 대통령은 2022년 10월 20차 당대회 개최 직전 중국
에 대한 첨단 기술 규제를 확대하겠다고 하면서 향후 10년간 미국
의 유일한 경쟁자인 중국과의 경쟁에서 앞서 나갈 것이라고 강조했
는데요.

중국은 미국에 보란 듯 자국 반도체 지원 정책을 확대하며 '반도
체 굴기'를 지속하는 모습입니다. 중국의 기술 허브로 꼽히는 광둥
성 선전시는 최근 반도체, 직접회로 산업의 고품질 촉진 관련 조치
를 발표하며 지역 내 반도체 설계 업체에 연간 1000만 위안(약 20
억 원)을 지급하고 새로 사업장을 여는 기업에 3000만 위안(약 60억
원)을 지원하겠다고 밝혔는데요. 아울러 선전에서 설계된 반도체를
구입하는 기업에게 구매 금액 20%의 지원과 연간 500만 위안을 지
원하기로 했습니다.

또 중국 저장성 리수이시도 관할 지역 내 반도체 설계 회사들에 대한 파격적인 지원책을 발표했는데요. 연간 매출액이 2000만 위안(약 40억 원)이 넘는 반도체 설계회사에 30만 위안(약 6000만 원), 매출액 1억 위안(약 200억 원) 이상 반도체 설계회사에는 100만 위안(약 2억 원), 매출액 5억 위안(약 1000억 원) 이상인 반도체 설계회사에는 500만 위안(약 10억 원)의 보조금을 각각 지급했습니다.

이 밖에 장쑤성 난징, 안후이성 허페이 등 지방정부도 줄줄이 반도체 산업 육성을 위한 보조금 정책을 발표했습니다. 상하이시는 미국과의 기술경쟁 상황에서 '미래산업의 중심기지'가 되겠다는 계획을 밝힌 바 있는데요.

중국 지방 정부들의 자국 반도체 기업에 대한 지원 정책은 미국이 최근 새로운 대(對)중 반도체 수출통제 조치를 발표하는 등 대중국 반도체 견제를 강화하는 상황에서 '반도체 굴기'를 추진하려는 중앙정부의 의중이 반영된 결과로 보입니다.

2025년까지 반도체 자급률을 70%로 높인다는 목표를 세운 중국 당국은 외국산 반도체 의존도를 줄이고 반도체 공급망을 완전 구축하기 위해 현지 기업에 대한 지원을 아끼지 않고 있습니다.

최근 추진 중인 '작은 거인(小巨人) 육성 프로젝트'도 그 일환인데요. 중국 당국은 미중 무역갈등을 계기로 기술 자립을 위해 이른바 '작은 거인 육성' 프로젝트에 주력하고 있습니다. 작은 거인이란 작지만 경쟁력 있는 강소기업을 의미합니다.

작은 거인은 최근 중국 경제의 최대 화두인데요. 중국 정부도 최근에는 '우수중소기업 육성관리 방법'을 발표하며 2025년까지 1만개 '전정특신' 강소기업을 육성하겠다고 밝혔습니다. 전정특신은 전문성(專), 정밀성(精), 특별함(特), 참신함(新)을 가진 강소기업이란 뜻입니다.

## 미국 제재 VS 중국 반도체 굴기 가속화

미국의 제재가 오히려 반도체 굴기 속도를 올렸다는 분석이 나오고 있습니다. 미국이 대중 반도체 수출 제한 정책을 발표했을 때 오히려 미국 반도체 기업들의 주가가 폭락하는 등 미국은 미중 반도체 전쟁에서 이미 지고 있다는 외신 보도가 나오기도 했는데요.

전문가들은 미국의 특정 산업에 대한 제재가 결국 중국의 특정산업 자립도를 높일 것이라고 전망하고 있습니다. 실제 중국은 풍부한 내수시장을 바탕으로 외국 기업과 정부의 견제를 이겨 내고 결국 기술 자립에 성공하는 경우가 많았습니다.

미국의 제재로 중국은 반도체 자립을 달성하는 데 상당한 시간이 걸릴 것으로 보이지만, 중국은 엄청난 내수시장을 확보하고 있기 때문에 시간이 걸릴 뿐 자립이 가능할 것으로 예상되는데요.

아울러 미국의 이런 제재로 전 세계 반도체 업체들은 많은 피해를 보고 있기 때문에 미국이 중국과의 반도체 전쟁에서 이미 지고 있다는 평가도 있습니다. 실제 미국의 대중 반도체 수출 제한 조치 이후 세계 반도체 업체의 주가가 폭락했고, 2022년 반도체 업체의 시가총액은 약 1조 5000억 달러(약 2149조 원) 증발한 것으로 나타났습니다.

중국 언론들도 미국의 제재가 중국에 위기이자 기회라며 중국이 결국 이겨 낼 것이라고 전하고 있는데요. 미국의 제재 조치가 상당한 영향을 미치겠지만 중국 반도체 칩에 전면적인 타격을 주진 않을 것이며 오히려 산업 발전 속도를 올리는 데 큰 역할을 할 것으로 예상하고 있습니다.


## 중국 '우군 다지기', 25조 원 통 큰 선물

시진핑 주석은 다자 외교 채널을 가동하며 우군 다지기에 나섰는데요. 2022년 11월 중국을 방문한 올라프 숄츠 독일 총리와 만나 함께 이해하고 상호 신뢰를 증진시키며 다양한 분야에서 실질적인 협력으로 중국과 독일의 관계 발전을 위해 나아갈 것을 제안했습니다. 2022년은 중국과 독일이 수교 50주년이 되는 해인데요. 시진핑 주

어라, 중국이 읽어지네

석은 50년의 여정에서 양국은 상호존중, 구동존이(일치를 추구하되 차이점은 당분간 그대로 두는 것), 교류와 협력, 상생 등의 원칙을 통해 양국 관계의 큰 방향을 안정적으로 이뤄 갈 수 있었다고 평가했습니다.

숄츠 총리의 방중은 지난 2020년 코로나19가 발발한 이후 유럽 국가 정상의 첫 방중인데요. 폭스바겐, 지멘스 등 독일을 대표하는 기업의 최고경영자(CEO) 12명도 동행했습니다. 당시 방중은 중국과 서방 간 긴장감이 고조되고 있는 가운데 이뤄져 논란을 불러일으켰는데요.

숄츠 총리 입장에서 경제를 생각했을 때 중국과 거리를 두기가 참 어려울 것 같습니다. 중국은 2021년까지 6년 연속 독일의 최대 교역상대국이었습니다. 독일 상품 거래에서 중국의 비중은 9.5%인데요. 폭스바겐은 자동차의 40%를 중국에서 팔고 지멘스 매출에서 중국 시장이 차지하는 비중은 13%입니다.

중국은 서방국가 우려 속에 중국을 방문한 독일에게 25조 원어치 에어버스 여객기 구매라는 '통 큰 선물'로 화답했습니다. 중국이 미국 등 서방국과 갈등을 빚는 가운데 중국과 독일은 이렇게 긴밀한 협력 관계를 과시했습니다. 한편, 독일의 친중 행보로 유럽의 대(對)중국 견제노선에 균열이 갈 수 있다는 관측도 나왔습니다.

## 시진핑 – 푸틴, 연대 굳히는 중러

2022년 9월 우즈베키스탄에서 열리는 상하이협력기구(SCO) 정상회의를 계기로 시진핑 주석과 블라디미르 푸틴 대통령이 만났습니다. 양국 정상은 대만, 우크라이나 전쟁과 관련해 사실상 상대 측 입장에 대한 지지를 공개적으로 언급하며 두 강대국 간의 전략적 협력 강화 의지를 다졌는데요. 중국과 러시아 정상의 대면 회담은 2022년 2월 초 베이징동계올림픽 개막식 이후 7개월 만이며 러시아의 우크라이나 침공 이후 처음이었습니다

## 시진핑 – 푸틴 '협력 강화 의지 확인'

시진핑 주석과 푸틴 대통령은 2022년 9월 우즈베키스탄 사마르칸트에서 개막한 SOC정상회의를 계기로 양자 회담을 별도로 갖고 중국과 러시아 관계와 국제 및 지역 문제에 대해 의견을 교환했습니다. 시진핑 주석은 "중국과 러시아는 효과적인 전략적 소통을 유지해 왔다"며 "다양한 분야에서 양국의 협력이 이뤄지고 있고 지역 협력 및 인문교류도 활발해지고 있다"고 전했는데요. 그러면서 시진핑 주석은 "세계화 시대, 역사의 변환기에 중국은 러시아와 함께 대국의 역할을 담당하고, 혼돈의 세계에서 안정과 긍정의 에너지를

주입하는 지도적 역할을 하기 원한다"고 말했습니다. 시진핑 주석은 또 중국이 러시아와 함께 서로의 핵심 이익이 걸린 문제에 대해 서로 강력히 지지하고 무역, 농업 등 분야에서 실질적인 협력을 강화하기 원한다고 강조했습니다.

사실 많은 사람들이 우크라이나와 대만 문제가 양국 정상 간의 주요 논의 대상이 될 것으로 보았는데요. 시진핑 주석은 이날 우크라이나 문제를 직접적으로 입에 올리지 않았습니다. 하지만 그는 서로의 '핵심 이익'에 걸린 문제를 지지한다고 언급하며 우크라이나 문제에서 대(對)러 제재 및 비판에 선을 긋고 간접적으로 러시아 입장을 지지할 것임을 시사했습니다.

오히려 우크라이나 전쟁과 관련해서 푸틴 대통령이 중국의 입장을 대변하기도 했는데요. 그는 "러시아는 우크라이나 위기에 대한 중국의 균형 잡힌 시각을 높이 평가한다"면서 "(전쟁에 대한) 중국의 질문과 우려를 이해한다"고 말했습니다. 이는 길어지는 전쟁에 따른 중국의 경제적 우려를 의식한 것으로 추정되는데요.

두 정상은 대만 문제를 언급하기도 했습니다. 푸틴 대통령은 "하나의 중국 원칙을 굳게 고수한다"며 "대만 문제와 관련한 미국과 그 위성국가들의 도발을 규탄한다"고 말했습니다. 푸틴 대통령은 대만에 대한 미국과 그 동맹국들의 행보를 '도발'이라고 표현했는데요. 시진핑 주석도 이에 호응하며 "대만 독립을 촉진하는 분리주의 세력과 외국 간섭에 단호히 반대한다"며 "대만에 대해 어떤 국가도 심판관이 될 권리가 없다"고 대답했습니다.

이번 정상회담에서 두 정상은 반미 연대 강화를 위해 에너지, 경제, 무역 등 핵심 분야에서의 협력 강화 의지를 분명히 했지만, 서방의 제재 및 견제를 키울 수 있는 군사, 안보 분야 협력에 대해서는 직접적인 언급을 아꼈습니다.

또 중국은 미국 등 서방의 경계심을 키울 수 있는 메시지를 자제하는 모습을 보였는데요. 신화통신 등 중국 관영 매체들을 통해 공개된 중국 측 회담 결과 보도문에서도 푸틴 대통령이 모두 발언에서 미국을 규탄한 대목을 소개하면서 미국을 '개별 국가'로 익명 처리했고, '제재 반대'에 대한 목소리도 담기지 않았습니다.

이 정도면 중국이 미국을 크게 배려한 모습인데요. 아무래도 미중 양국이 서로 핵펀치를 날리는 패권경쟁 국가이지만 상국 간 상호의존도 역시 상당하기에 자국의 이익을 위해 서로 배려할 부분은 배려하고 있는 듯합니다. 중국과 러시아는 회담 후 별도의 공동성명을 내지 않았습니다. 이는 미국, 유럽연합(EU)과의 관계를 고려한 중국 측의 입장이 반영됐기 때문으로 보입니다.

어라, 중국이 읽어지네

## 시진핑 – 푸틴 회담 VS 미국 대러 추가 제재 단행

중국과 러시아가 밀착행보를 보이자 미국 정부가 추가 제재에 나섰는데요. 시진핑 주석과 푸틴 대통령이 만나는 날 금융 제재를 우회한 러시아 기업, 인권을 유린한 러시아 관리 등을 겨냥한 것입니다. 미국 재무부 해외자산통제실(OFAC)은 러시아-우크라이나 전쟁 이후 가해진 국제 금융 제재를 우회하는 데 일조한 2개 단체와 개인 22명을 제재 명단에 추가한다고 밝혔는데요. 제재 명단에는 러시아에 대해 내려진 금융 제재를 우회하는 수단으로 활용되고 있는 자체 국가 결제 시스템(NSPK) 최고경영자(CEO)인 블라디미르 발레리에비치 코믈레프 등 관련 인사가 무더기로 포함된 것으로 전해졌습니다.

이번 조치는 미국 상무부의 러시아에 대한 추가 수출 통제 및 러시아 국방 첨단기술 산업을 겨냥한 국무부의 조치와 동시에 이뤄진 것이라고 미국 재무부는 설명했는데요. 이에 따라 러시아에 위치한 어떤 개인에게도 양자 컴퓨터 서비스를 제공하는 것이 금지되는 것을 포함해 수출 제재가 확대됐습니다.

재닛 옐런 미국 재무 장관은 "러시아의 전쟁 범죄에 책임을 묻는 강력한 행동을 이어 갈 것"이라며 "우크라이나가 자유 수호를 위해 전진하는 와중에 러시아의 군 재건 시도를 무력화할 추가 조치를 취한 것"이라고 설명했습니다.

## 베트남, 파키스탄, 탄자니아 정상과도

시진핑 주석은 제20차 당대회를 거쳐 집권 3기를 출범한 뒤 중국에
서 베트남, 파키스탄, 탄자니아의 정상 또는 정상급 인사와 잇달아
회담하며 '우군 확보'에 나섰는데요. 시진핑 주석은 탄자니아 대통
령과 정상회담을 갖고 '중국-탄자니아 전면적 전략협력동반자 관
계 구축에 관한 공동성명'을 발표했습니다.

이를 통해 양국 정상은 무역 확대, 고품질의 일대일로 공동건설 심
화, 인프라 프로젝트 협력 촉진, 제조업, 녹색개발, 디지털 경제 등
영역에서의 협력 확장 등에 공감대를 형성했습니다. 이번 정상회담
을 계기로 양국은 무역, 투자, 개발협력, 디지털 경제, 녹색 성장 등
영역별 협력 촉진 합의문에 각각 서명도 했습니다.

또 파키스탄 총리와 회담도 가졌는데요. 파키스탄은 중국이 추진
하는 일대일로의 핵심 국가이자 인도를 견제하기 위한 중국의 핵심
우방으로 양국은 협력 강화를 약속했고, 베트남 서열 1위인 공산당
서기장을 만나 베트남과도 우의를 다졌습니다.

시진핑 주석의 이같이 바쁜 외교 행보는 중국에 힘을 실어 줄 우군
을 만들겠다는 전략으로 보이는데요. 이어 인도네시아 발리에서 열

어라, 중국이 읽어지네

린 주요 20개국(G20) 정상회의에 참석해 활발한 다자 외교전을 펼쳤습니다.

## 발리 미중 정상회담, 바이든-시진핑 첫 대좌

미국과 중국의 패권경쟁이 심화되고 있는 가운데 조 바이든 미국 대통령과 시진핑 중국 국가주석이 2022년 11월 14일 첫 대면 정상 회담을 가졌습니다. 바로 주요 20개국(G20) 정상회담이 열리는 인 도네시아 발리에서 만난 것인데요.

먼저 바이든 대통령은 양국 간 경쟁이 충돌로 비화하지 않도록 차 이를 관리할 수 있다고 강조하고, 기후변화, 식량 부족 등 문제에서 양국의 책임 있는 대응이 필요하다고 강조했는데요. 시진핑 주석은 양국 관계를 바른 궤도로 돌릴 수 있기를 기대한다면서 전략적 문 제들에 대해 솔직한 대화를 나눌 준비가 돼 있다고 밝혔습니다.

2021년 1월 바이든 대통령 취임 이후 약 22개월 만에 처음 대면한 두 정상은 중국 공산당 20차 전국대표대회와 미국 중간선거 등 각 국에서의 중요한 정치일정을 무난히 마무리한 상황이라 홀가분한 마음으로 세기의 외교 일전을 벌일 것으로 예상했습니다.

## 예상보다 길어진 정상회담⋯화기애애 분위기

바이든 미국 대통령과 시진핑 중국 국가주석의 첫 대면 정상회담은 3시간 넘게 진행됐습니다. 현지 시간 오후 5시 41분부터 시작된 정상회담은 3시간을 넘겨 오후 8시 48분 종료됐는데요. 당초 예상한 2시간보다 길어진 것입니다.

이날 미중 양국 정상은 '양국 충돌 방지'와 '올바른 방향의 미래 개척', '관계 개선' 등을 강조했는데요. 바이든 대통령은 양국의 지도자로서 함께 미국과 중국의 차이점을 해결하고, 경쟁이 충돌과 가까운 어떤 것으로도 이어지지 않도록 관리하며 상호 협력을 필요로 하는 긴급한 국제적 의제에 협력할 방법을 찾는 모습을 보여 줄 책임이 있다고 강조했습니다. 또 정부 간 소통의 선을 열어 두는 데 열을 올리고 있다면서 세계는 중국과 미국이 기후 변화에서부터 식량 불안까지 세계적 공통 문제에 핵심 역할을 기대하고 있고 미국은 협력할 준비가 돼 있다고 말했는데요.

시진핑 주석도 중국과 미국은 양국 수교 이래 많은 우여곡절을 겪었다면서 우리는 역사를 거울로 삼고 미래를 직시해야 한다고 강조했습니다. 그러면서 현재 미국과 중국 관계가 직면한 현 상황은 양국과 양국 국민의 근본 이익에 부합하지 않으며 국제사회의 기대에도 부합하지 않는다며 미중 관계 개선을 추진해야 한다고 강조했습

어라, 중국이 읽어지네

니다. 또 양국은 2대 대국인 만큼 옳은 방향을 견지해 미래를 개척해야 하며 바이든 대통령과의 솔직한 대화와 의견 교류를 기대하고 있다고 언급했습니다.

이날 회담은 화기애애한 분위기가 이어졌다고 하는데요. 양국 정상이 회담 시작 전 미소를 지으며 긴 악수를 하는 모습이 카메라에 잡히기도 했고, 취재진 카메라를 향해 미소를 짓는 모습이 보이기도 했습니다. 하지만 회담에서 논의한 현안은 양국이 좀처럼 간극을 좁히기엔 어려웠던 문제라 양측이 각국 국익 및 기본 가치에 대해서는 양보 없는 기싸움을 펼쳤을 것으로 보고 있습니다.

중국이 자국 영토로 간주하는 대만 문제가 대표적인데요. 이날도 시진핑 주석은 대만 문제는 중국의 핵심 이익 중에서도 핵심이라며 중미 관계에서 넘으면 안 되는 첫 번째 레드라인이라고 강조하였고, 조 바이든 대통령은 대만을 향한 중국의 강압적이고 점점 더 공격적인 행위에 대해 미국이 반대한다는 점을 분명히 밝히기도 했습니다.

양국 정상회담에 함께 배석한 인물에 대한 관심도 뜨거웠는데요. 이날 미중 정상을 중심으로 양쪽에 각각 4명이 배석하는 방식으로 양국에서 각각 9명이 참석했습니다. 미국에서는 제이크 설리번 백악관 안보보좌관, 토니 블링컨 국무장관, 재닛 옐런 재무장관, 니컬러스 번스 주중 미국대사 등이 배석했고, 중국에서는 딩쉐샹 중앙정치국 상무위원 겸 중앙판공청 주임, 왕이 중앙정치국 위원 겸 외교부장, 허리펑 중앙정치국위원 주임, 화춘잉 외교부 부장조리(차관보) 등이 참석했습니다.

## 미·중 통상협상 전격재개

미국과 중국의 정상회담을 가진 후 양국 통상협상도 본격적으로 재개됐습니다. 미국과 중국 대표단은 2022년 11월 18일 타이 방콕에서 열린 아시아태평양경제협력체(APEC) 정상회의를 계기로 만나 통상 문제를 논의했습니다. 타이 미국 무역대표부가 중국 고위 관리와 대면 회담을 한 것은 2021년 취임 이후 처음으로 이번 만남은 미중 정상회담 후 5일 만에 성사됐습니다. 미국 무역대표부는 미국의 통상정책 입안과 외국과의 통상협상에서 주도적인 역할을 하는 백악관 직속 기구인데요.

타이 미국 무역대표부 대표와 왕원타오 중국 상무부장은 통상분야 주요 고위급 소통 창구를 유지하며 국제 통상 및 양자 간 통상에 대해 의견을 나누기로 합의했습니다. 미국과 중국은 소통창구를 열어두는 것의 중요성을 논의한 것으로 알려졌는데요. 미국은 아시아태평양 지역의 경제협력을 위한 협의기구인 APEC을 중국 견제를 위한 인도태평양전략의 주요 도구로 간주하고 있습니다.

이번 회담에서 양국의 통상 진전안이나 통상갈등을 근본적으로 해소하기 위한 새로운 방향은 논의되지 않았지만 악화일로인 양국의 전방위 갈등 속에 대화가 다시 시작됐다는 점은 매우 긍정적인 모습이라는 평가를 받았습니다. 세계 양대 경제 대국 간 최고위급 통상협상이 재개됐음을 의미하는 중요한 회담이었습니다.

## 친미 사우디 VS 중국과 손잡은 사우디

2022년 12월 시진핑 중국 국가주석이 약 7년 만에 사우디아라비아를 국빈 방문했습니다. 중국 관영 언론들은 사우디아라비아가 시진핑 주석에게 공군 전투기를 동원한 특별한 의전을 제공했다고 보도하며 이번 시진핑 주석의 방문으로 양국 관계가 획기적 수준으로 발전할 것이라 기대감을 드러냈습니다.

## 시진핑 주석 국빈 방문, 사우디 특별 의전

시진핑 주석을 태운 전용기가 사우디 영공에 진입하자 사우디 공군 전투기 4대가 에스코트를 합니다. 이어 전용기가 수도 리야드 상공에 진입하자 의전 호위기 '사우디 호크' 6대가 전용기와 동반 비행을 했습니다.

사우디는 제트기를 동원해 오성홍기 색깔인 빨간색과 노란색으로 하늘을 수놓고 21차례 축포를 쏘며 시진핑 주석을 대대적으로 환영했습니다. 공항에는 리야드 주지사인 파이살 빈 반다르 알 사우드 왕자와 외교장관인 파이살 빈 파르한 알 사우드 왕자, 중국 업무를 담당하는 장관인 야시르 알 루마얀 및 그외 주요 왕실 인사와 고위 당국자들이 직접 나와 시진핑 주석을 맞았습니다.

시진핑 주석은 도착 직후 성명을 통해 "중국과 사우디는 수교 이후 지난 32년 동안 양측의 전략적 상호 신뢰가 지속적으로 공고해졌고 각 분야에서 실질적인 협력의 성과가 많았다"며 "특히 2016년 중국과 사우디가 전면적인 전략 동반자 관계를 맺으면서 양국 관계가 발전했고 지역의 평화, 안정, 번영과 발전을 함께 촉진했다"고 평가했는데요. 이어 "살만 빈 압둘아지즈 알 사우드 국왕, 무함마드 빈 살만 왕세자와 양국 관계 및 공동 관심사인 국제, 지역 문제에 대해 심도 있는 의견을 교환하고, 중–사우디 관계 발전 방향을 함께 계획할 것"이라고 말했습니다.

시진핑 주석의 이번 사우디행에는 공산당 중앙정치국 상무위원회 일원인 딩쉐샹 중앙판공청 주임과 왕이 중앙정치국 위원 겸 외교부장, 허리펑 중앙정치국 위원 등이 동행했습니다.

어라, 중국이 읽어지네

## 미국과 사우디 균열조짐

시진핑 주석의 사우디 방문은 지난 2016년 1월 이후 7년 만인데요. 특히 이번 방문은 '오랜 우방'이던 미국과 사우디의 관계에 최근 균열 조짐이 나타나고 있는 가운데 이뤄진 것이어서 더욱 관심을 끌었습니다. 사우디는 미국의 중동 지역 최대 동맹국이지만 2018년 언론인 자말 카슈끄지 암살, 최근 석유수출국기구(OPEC)의 석유 감산 문제로 미국과의 관계가 냉랭해지고 있는 상황입니다.

전 세계 매체들도 많은 관심을 보였습니다. 다수의 매체들이 미국과 중국을 맞이하는 사우디의 모습에 온도차가 매우 크다는 의견을 내놓았는데요. 조 바이든 미국 대통령에 대한 미지근한 환영과는 대조적이라고 했습니다. 2022년 7월 조 바이든 미국 대통령은 석유 증산 등을 설득하고자 사우디를 찾았으나 빈손으로 돌아갔습니다.

미국은 시진핑 주석의 사우디 방문에 직접적인 평가는 아끼면서도 중국의 영향력 확대에 경계하는 모습을 보였습니다. 미국은 "시진핑 주석이 세계를 순방하는 일은 놀랄 게 아니며, 중동에 가는 것도 놀랄 일이 아니다"라고 말했습니다. 이어 "우리는 우리 국가안보 이익과 중동 파트너들에 초점을 맞춘다. 이는 변하지 않았다. 사우디는 약 80년 동안 전략적 파트너 중 하나고 이런 파트너십은 계속된다"고 말했습니다.

# 사우디, 중국과 34건 약 39조 원 규모 투자협정 체결

시진핑 중국 국가주석의 사우디아라비아를 국빈 방문하며 중국과 사우디 양국 기업이 34건의 투자 협정을 체결하고 양국 간에 포괄적 전략적 파트너십을 강화했는데요. 중국과 사우디 양국 기업은 녹색 수소, 태양광 에너지, 정보 기술, 의료, 물류 등 다양한 분야에 걸쳐 계약을 체결한 것으로 알려졌습니다.

사우디는 에너지 공급망을 한층 더 강화하기 위해 중국 공장 추진을 위한 지역 센터 설립 계획을 발표했는데요. 다양한 분야에서 중국과 긴밀하고 전략적인 관계를 맺으며 특히 에너지 분야에 중점을 두고 있다고 밝혔습니다.

중국은 2016년 사우디와 체결한 포괄적이고 전략적인 파트너십을 강화할 것이며 이 관계에 어떠한 외부 간섭도 반대한다고 밝혔는데요. 이번 방문은 중국에 있어 사우디와 포괄적이고 전략적인 파트너십을 강화하는 기회가 되고 미국을 견제하는 또 하나의 재료가 될 것으로 보입니다. 또 중국의 일대일로 이니셔티브가 인프라 등을 통해 석유 의존도를 줄이고 경제 다각화를 추구하는 사우디의 '비전 2030' 실현에 더 큰 시너지 효과를 낼 것으로 기대하고 있습니다.

어라, 중국이 읽어지네

## 미국 보란 듯, 중국-사우디 밀월 강화

시진핑 주석의 방문을 계기로 중국과 사우디아라비아가 밀착 행보를 보이고 있습니다. 미국의 제재를 받았던 중국 최대 통신장비업체 화웨이와 계약을 체결하고 미국과 거리를 두는 상황에서 '하나의 중국'을 천명하는 등 양국 우호 관계 강화를 과시했습니다.

무함마드 왕세자는 시진핑 주석과 만난 자리에서 사우디아라비아는 '하나의 중국' 원칙을 확고히 견지하며 중국이 주권, 안보, 영토를 온전히 수호할 것을 지지하고 인권을 보호한다는 구실로 중국의 내정에 외부세력이 간섭하는 것을 확고히 반대한다는 이야기를 한 것으로 알려졌는데요. 외교무대에서 중국과 함께 각종 이슈에 대응해 긴밀히 협력할 것이라고 강조한 것으로 전해졌습니다.

'하나의 중국' 원칙 자체는 중국과 외교관계를 맺은 국가들은 모두 인정하는 것이고 미국도 마찬가지인데요. 하지만 석유 증산 문제 등으로 미국과 사우디 간 관계가 좋지 않은 상황에서 사우디의 이 같은 발언은 미국보다는 중국에 접근해야겠다는 전략적 판단과 의지를 보여 주는 것이라고 전문가들은 평가하고 있습니다.

중국과 사우디가 체결한 협정에 화웨이가 사우디에 클라우드 및 초고속 인터넷 단지를 건설하는 계획이 포함된 것도 이 같은 관측에 무게를 실어 주는데요. 화웨이는 안보상 우려와 중국의 '기술 굴기'

에 대한 견제로 미국과 서방 동맹국들이 견제하는 업체입니다. 사우디가 친중-반미 노선을 분명히 보여 주는 것이라고 다수의 매체들은 보고 있는데요.

특히 무함마드 왕세자가 '인권을 보호한다는 구실로 내정에 외부세력이 간섭하는 것'에 확고히 반대한다고 한 점도 자신을 노골적으로 '인권침해 범죄자'로 취급해 온 미국 정부, 특히 조 바이든 행정부에 대한 반발이 깔린 발언으로 해석됩니다.

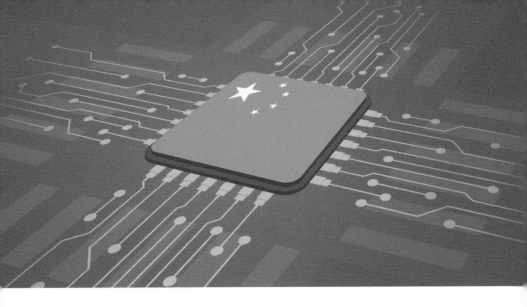

제3부

강한 차이나! 날아가는 차이나!

# 요즘 중국 근로자 평균 연봉은?

중국 유학 중이던 2000년대 초 중국 친구 월급을 물어본 적이 있는데요. 그 친구는 당시 1000위안이라며 적게 받는 것이 아니라고 했습니다. 1000위안, 당시 환율로 12만 원 정도였습니다.

2022년 중국 근로자 평균 연봉은 1800만 원이었습니다. 아마 한국에서 일하는 사람들 중에 중국 근로자 평균 연봉에 미치지 못하는 사람들도 분명 많을 것입니다. '제로코로나' 정책으로 인한 경제 마비에도 불구하고 중국 근로자의 평균 연봉은 상승한 것으로 나타났습니다.

2021년에 이어 정보통신, 소프트웨어 및 정보기술 서비스 업계 연봉이 여전히 가장 높았고 부동산 업계는 하락한 것으로 나타났습니다. 지금 살고 있는 아파트 단지 주변에는 멋지게 정장을 입은 중국 젊은 친구들이 많이 몰려 있는데요. 대부분 부동산 일을 하는 사람들입니다. 부동산 시장이 좋았을 때는 그 젊은 친구들이 많은 인센티브를 받으며 고수익을 얻었지만 요즘처럼 부동산 시장이 차가운 시기에는 수익 내기가 쉽지 않을 것입니다.

2023년 5월 중국 국가통계국이 발표한 데이터에 따르면 2022년 중국 근로자 연평균 임금은 9만 2492위안(약 1800만 원)으로 전년 대비 5% 증가했습니다. 기업별로는 비(非)사영기업(국영·외자·합자기업 등)의 연평균 임금이 11만 4029위안으로 전년 대비 6.7% 증가했으며, 사영기업(개인·민간 단체 운영기업) 연평균 임금은 6만 5237위안으로 전년 대비 3.7% 증가했습니다.

비사영기업과 사영기업 간 임금 차이가 큰 이유는 사영기업의 범위가 넓은 데다 중소기업이 많이 포함되어 있기 때문인데요. 경제 둔화 등의 영향도 사영기업이 상대적으로 많이 받는 것 같습니다.

업종별로는 IT업계 연평균 임금은 22만 418위안(약 4200만 원)으로 중국 근로자 평균 연봉의 2.5배에 달하는 것으로 나타났습니다. 정보통신, 소프트웨어 및 정보기술 서비스업, 금융업, 과학연구 및 기술서비스업 순으로 임금이 높았습니다.

왕핑핑 국가통계국 인구고용통계국장은 코로나19 영향으로 비대면 온라인 활동과 관련된 수요가 늘어나면서 기술기업들의 평균 임

어라, 중국이 읽어지네

금이 상승했다고 분석했는데요. 또한 임금 인상률이 가장 높았던 업종은 탄광업과 금융업인 것으로 나타났습니다.

국제 에너지 가격 상승 등의 요인으로 탄광업 노동자의 연평균 임금은 9~12%의 높은 인상률을 보였습니다. 금융업 임금 인상률은 15.6%를 기록했는데요. 산업 구조조정·인력감축 등으로 효율성이 제고되면서 오히려 임금이 상승했다는 분석입니다. 특히 저임금 노동자로 분류됐던 보험설계사가 2021년 25% 가까이 줄면서 금융업 평균 임금을 끌어올렸습니다.

반면 연봉이 가장 낮은 3개 업종은 농축산·어업, 숙박·요식업, 서비스·수리 및 기타 서비스업으로 나타났습니다. 지역별로 보면 상하이·베이징 등 대도시가 많은 동부 지역의 연봉 수준이 가장 높았으며 헤이룽장·네이멍구 등이 위치한 동북부 지역이 가장 낮았습니다.

조사대상 19개 업종 중 18개 업종 근로자의 평균 임금이 모두 상승한 반면 부동산 업종은 하락했는데요. 통계에 따르면 부동산 사영기업 평균 임금은 5만 6435위안으로 전년 대비 3.2% 감소했습니다. 부동산 시장 경기 침체가 반영된 것으로 보입니다.

왕 국장은 "지역, 업종, 유형별로 임금 격차가 클 수밖에 없다"며 "노동자의 임금 인상률은 거시정책, 사회·경제 환경 등 외부 요인뿐만 아니라 구조개편, 고용구조 변화 등 내부 요인도 큰 영향을 미치기 때문에 같은 업종임에도 차이가 있을 수 있다"고 설명했습니다.


# 비야디 '질주' 네 가지 비결

## 자신감 넘치는 '비야디'

코로나19 시기 봉쇄령에 따른 공급망 균열로 중국 자동차 업계가 직격탄을 맞은 가운데서도 중국 전기차 왕 비야디(比亞迪, BYD)는 줄곧 자신감을 내비치고 있는데요. 근거 없는 자신감은 아니었습니다. 비야디의 자신감은 2022년 5월 실적에 그대로 나타났는데요. 비야디가 공개한 5월 판매량 수치는 기대 이상이었습니다. 5월에만 모두 11만 4943대의 전기차를 팔았는데요. 이는 전년 동기 대비 250% 이상 증가한 것으로 사상 첫 월 11만 대 판매 돌파 기록도 세웠습니다.

3개월 연속 10만 대 이상 판매 행진을 이어 가며 2022년 들어 5월까지 누적 판매대수는 전년 동기 대비 350% 급증한 50만 7314대에 달했습니다.

덕분에 주가도 크게 올랐는데요. 선전거래소에서 한 달 새 주가 상승폭만 35%에 달했습니다. 당시 시가총액도 8000억 위안을 돌파하며 글로벌 자동차 기업으로는 테슬라, 도요타에 이은 시총 3대 기업으로 우뚝 섰는데요. 비야디에 추월당한 폭스바겐은 당시 4위로 물러났습니다.

수많은 초기 창업자들은 기존의 성공기업 모델을 신봉한다. 제품도 광고도 가격도 채널도 비슷하게 답습한다. 그 결과 '다 같이 죽는다'.

과거 왕촨푸 비야디 창업주가 벤처기업인들에게 한 말입니다. 그렇다면 중국 자동차 업계가 분석하는 비야디의 남다른 성공 비결은

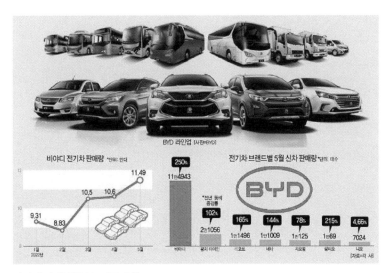

비야디 판매량(출처: 아주경제)

무엇일까요? 네 가지로 볼 수 있습니다.

## "계란을 한 바구니에 담지 말라"

2022년 초부터 중국 내 코로나19가 산발적으로 재확산되면서 지린성을 비롯한 동북 3성과 상하이, 창장삼각주 지역을 강타했는데요. 특히 상하이와 지린성 창춘은 중국에서 '자동차 도시'로 불리는 곳입니다.

중국 양대 국유 완성차 공룡인 상하이자동차와 이치자동차 본사가 각각 소재한 이곳은 중국 전국 자동차 생산량의 약 11%를 차지하는데요. 2022년 4~5월 중국 대다수 완성차 업체들이 생산, 공급에 차질을 빚게 된 배경입니다.

상하이에 공장을 둔 미국 전기차 테슬라도 마찬가지였는데요. 코로나 봉쇄로 3주간 조업이 중단되어 이 기간에 약 5만 대를 생산하지 못하는 손실을 본 것으로 업계는 추산했습니다.

반면, 비야디는 전국 곳곳에서 공장을 돌리는 만큼 코로나 봉쇄 충격이 덜했는데요. 광둥성 선전에 본사를 둔 비야디는 선전뿐만 아니라 산시성 시안, 후난성 창사, 장쑤성 창저우, 장시성 푸저우, 산둥성 지난, 안후이성 허페이, 허난성 정저우 등 전국적으로 9개 공장을 운영하고 있습니다. 생산력이 분산돼 코로나19 발발 불확실성

어라, 중국이 읽어지네

에 수월하게 대응할 수 있었습니다.

## "핵심기술을 손아귀에 꽉 쥐어라"

중국 내 코로나 봉쇄 여파로 글로벌 자동차 공급망에 균열이 생기기 시작했는데요. 원래 자동차 공급망은 상당히 길고 복잡합니다. 정교한 톱니바퀴처럼 돌아가는 자동차 공급망에서 부품 한 개라도 없으면 완성차를 만들 수 없는데요.

왕촨푸 회장은 오래전부터 이러한 공급망 완비의 중요성을 간파하고 자체 핵심 기술에 기반한 비야디의 공급망 생태계 건설에 주력해 왔습니다.

'배터리도 만들고, 자동차 모터와 전자제어장치도 모두 만들 수 있는 자동차 기업은 비야디뿐이다' 왕촨푸 회장이 입버릇처럼 하는 말인데요. 특히 몇몇 전기차 핵심 기술 방면에서 비야디 영향력은 막강합니다.

비야디는 중국 자동차 제조업체 중 유일하게 IGBT(절연게이트양극성트랜지스터)를 독자적으로 생산할 능력을 갖추고 있습니다. 현재비야디는 IGBT 부문을 따로 떼내 상장시킬 계획도 추진 중입니다.

비야디가 독자 개발한 블레이드 배터리의 경우, 칼날처럼 얇은 셀을 결합해 배터리 모듈을 생략하고 곧바로 배터리 팩으로 만드는 기술로, 안전성과 에너지 밀도를 높였다는 평가를 받고 있습니다. 비야디는 배터리 방면에서 글로벌 배터리왕인 닝더스다이(CATL)도 바짝 뒤쫓고 있습니다.

### "다다익선, 인해전술로 공략하라"

비야디의 자동차 제품 라인업은 굉장히 광범위합니다. 가격대 또한 10만 위안(약 2000만 원)부터 150만 위안(약 3억 원)까지 천차만별이고, 타깃 연령층도 골고루 분포되어 있습니다. 2022년 3월 비야디는 전 세계 완성차 업체 중 최초로 내연기관 차량 생산을 중단했다고 선언한 이후 전기차 제품 라인업에 더욱 공을 들이고 있습니다.

비야디 차종은 크게 '클래식'을 선호하는 중장년층을 겨냥한 왕조(王朝), 젊은 층을 겨냥한 해양(海洋), 고급차를 지향하는 독일 다임러벤츠와의 전기차 합작 브랜드 텅스(腾勢·덴자), 그리고 최상단의 프리미엄 고급차 싱지(星际) 시리즈가 대표적입니다.

각 시리즈는 가격대나 크기, 차종별로 더 세밀하게 나뉘는데요. 왕조 시리즈는 중고가 중형 세단, 스포츠유틸리티차량(SUV) 모델인 한(漢)·탕(唐), 그리고 중저가 컴팩트형 승용차·SUV 모델인 친(秦)·쑹(宋)·위안(元) 브랜드로 세분화됩니다.

해양 시리즈는 해양생물과 군함 시리즈로 나뉘는데, 해양생물은 하이바오(海豹·바다표범), 하이둔(海豚·돌고래), 하이스(海狮·바다사자), 하이어우(海鸥·갈매기) 등으로, 군함시리즈는 구축함(A급 세단), 순양함(SUV), 상륙함(MPV) 등으로 구분됩니다.

이 밖에 프리미엄 고급차 브랜드 싱지는 비야디가 중국 통신장비 업체 화웨이와 협력해 만들었는데요. 첫 출시 모델은 벤츠의 'G클래스'를 겨냥한 고급형 SUV로, 가격대는 최고 150만 위안(약 2억 7000만 원)으로 책정될 전망입니다.

이처럼 비야디 전기차 라인업은 워낙 다양해서 시장에서 잘 나가는 스타급 모델도 여럿인데요. 2022년 1~4월 전 세계적으로 많이 팔린 전기차 모델 톱20에 쑹 프로·플러스 플러그인하이브리드(PHEV), 친 플러스 PHEV, 하이둔, 한 순수전기차(EV) 등 비야디 전기차 모델 7종이 포함됐습니다.

## "기업의 최대 자산은 사람이다"

왕촨푸 회장은 "인재가 뒷받침돼야 어떤 적수가 와도 전쟁에서 차분하고 느긋할 수 있는 장수가 될 수 있다"고 말하는데요.

그는 매년 대졸자 채용 시즌이 되면 전국 캠퍼스를 순회하며 전기차 배터리 전문 우수 졸업생을 선발하는 것으로 알려져 있습니다.

예전부터 직원 스톡옵션제도를 시행하고 있는데요. 2022년에는 18억 위안(약 360억 원) 규모 자사주를 매입해 직원들에게 공짜로 나눠주기도 했습니다.

특히 비야디 성공의 양 날개라 불리는 핵심 부처, 연구개발센터와 마케팅부는 왕촨푸 회장이 직접 책임지고 관리하고 있습니다. 중간 관리층을 없애 의사 전달 과정을 빠르고 정확하게 이끌고 있는데요. 비야디는 연구개발 인력만 4만 명 이상으로 전체 직원의 4분의 1 수준입니다.

## 전기차 왕좌 노리는 비야디

중국판 테슬라로 불리는 중국 토종 전기차업체 비야디와 미국 테슬라의 2022년 3분기 성적표는 엇갈렸습니다. 중국 당국의 자동차 소비 부양책에 힘입어 비야디는 기대 이상의 실적을 낸 반면 테슬라는 시장 예상보다 저조한 것으로 나타났는데요. 테슬라는 2개 분기 연속으로 분기 판매 1위 자리를 비야디에게 내줬습니다. 비야디는 2022년 2분기에 테슬라를 꺾고 분기 기준으로 글로벌 전기차 판매량 1위에 등극한 바 있습니다.

## 비야디, 테슬라 제치고 전기차 1위로

비야디는 2022년 3분기 실적보고서를 발표하며 9월 신에너지차 판매량이 전년 동기 대비 151.2% 급증한 20만 1259대를 기록했다고 전했는데요. 이 수치는 월간 판매량이 20만 대를 넘은 것으로, 이번이 처음입니다.

비야디는 2022년 9월에 9만4941대의 순수전기차와 10만 6032대의 플러그인하이브리드(PHEV) 전기차를 양산했는데요. 이 수치는 각각 전년동기 대비 214.45%와 307.21% 증가한 수준입니다. 특히 PHEV 차량의 월간 판매량이 처음으로 10만 대를 넘어섰습니다. 이에 따라 2022년 3분기 비야디의 차량 판매량은 53만 7164대로 전년 동기 대비 187.01% 급증했습니다. 2022년 9월까지 누적 판매량은 100만 대를 돌파해 117만 5321대를 기록했습니다.

판매량만 놓고 보면 비야디가 테슬라를 앞서고 있는데요. 전문가들은 중국 당국의 자동차 부양책이 차량 수요를 부추기고 있다면서 계속해서 한동안 중국 승용차 판매가 20% 이상 늘어날 것으로 예상했습니다.

## 비야디 성장 발목 잡는 생산설비

2022년 3분기 테슬라를 제치고 글로벌 전기차 시장에서 1위를 기록했지만 비야디를 둘러싼 우려도 있는데요. 생산 설비 부족 문제에 직면하고 있기 때문입니다. 그동안 전기차 주문은 폭발적으로 증가한 반면 생산설비가 부족해 여전히 비야디 성장의 발목을 잡고 있습니다.

비야디 관계자도 "현재 가장 큰 걸림돌은 생산 능력"이라며 "비야디 창저우 공장 등 일부 공장들의 생산 능력의 부족으로 2022년 9월 비야디의 판매량에 기여하지 못했다"고 말했습니다. 만약 배터리 생산량만 충분했다면 판매량이 크게 늘어났을 것이라고 아쉬움을 토로했는데요.

비야디는 생산설비 확충에 열을 올리고 있습니다. 비야디는 현재 전국적으로 생산기지를 분산시키며 운영하고 있는데요. 업계에서는 비야디 공장 건설 진행 상황 등을 고려할 때 앞으로 비야디의 생산능력이 크게 오를 것으로 예상했습니다.

이뿐만이 아닌데요. 유럽 시장을 겨냥해 현지에 배터리 공장도 짓고 있습니다. 비야디 산하 푸디전지유한공사는 앞서 해외 첫 배터리 공장을 유럽 내에 건설하고 있다며 새로운 유럽 공장에서 리튬이온배터리의 생산, 포장, 운송 등을 진행할 계획이라고 밝혔습니다.

한편 중국 전기차 시장은 우크라이나 전쟁과 코로나19 봉쇄로 인한 공급망 대란에도 가파른 성장세를 이어 갔습니다. 중국 전기차 시장이 미국을 약 4년 정도 앞서고 있다는 전망이 나올 정도입니다.

## 전기차 왕 비야디 VS 배터리 왕 CATL

중국 전기차 왕 비야디(BYD)와 배터리 왕 닝더스다이(CATL)가 전기차 생태계 투자에 열을 올리고 있습니다. 원료 소재 등 업스트림부터 전기차 등 다운스트림까지 전방위 투자로 비용을 통제하고 공급망 안전을 확보하는 데 주력하고 있지요.

최근 전 세계 원자재 가격 급등, 물류 대란으로 전기차 공급망에 혼란이 초래된 상황에서 대응하기 위한 방안으로 보이는데요.

코로나19 등으로 원자재 가격이 치솟고 글로벌 자동차 공급망에 균열이 생기면서 양사의 투자가 빠르게 진행되고 있습니다. 자동차 공급망은 상당히 길고 복잡한데요. 차량 한 대 만드는 데 수만 개 부품이 필요합니다. 리튬 배터리만 해도 관련 소재만 16종에 달할 정도인데요. 이 중 하나라도 없으면 전기차를 만들 수 없습니다.

게다가 최근 배터리 핵심 소재인 리튬값이 고공행진하면서 양사 이윤을 갉아먹고 있는데요. 2021년 비야디 자동차 제품 마진율은

7.81% 포인트 하락한 17.39%였습니다. CATL도 마진율이 4.56% 포인트 떨어진 22%까지 내려갔는데요. 심지어 2022년 1분기 비야디와 CATL 마진율은 각각 15.6%, 14.48%에 불과했습니다.

전기차 산업 경쟁이 이미 공급망 전쟁으로 확대되면서 비야디와 CATL 모두 합작기업 설립, 협력 계약이나 장기 주문 계약 체결 등을 통해 공급망 완비에 주력하는 모습입니다.

**전기차 공급망 전쟁, 누가 앞서나**

비야디와 CATL이 전기차 공급망에 투자할 때 각각 주력하는 분야도 차이가 있는데요. 비야디는 차량용 반도체 투자에 집중하고 있습니다. 내비게이션, 출력, 태양광, 자동차, 사물인터넷(IoT), 자율주행 관련 반도체이지요.

특히 미드스트림 분야에서 자동차 모터와 전자제어장치, 배터리 등 전기차 핵심부품을 모두 자체 개발하고 있다는 게 비야디 공급망의 강점입니다. 전기차 핵심소재인 전력 반도체(IGBT) 부문은 아예 따로 떼내 별도 상장도 준비 중이고요.

업스트림 투자에도 공격적인데요. 이미 10년 전부터 준비를 해 왔다는데요. 아프리카 리튬광산 6곳을 사들일 계획도 갖고 있습니다. 6개 광산의 탄산리튬 생산량을 모두 합치면 100만 톤에 달하는데요. 비야디의 10년간 리튬 수요를 충분히 채워 줄 수 있는 수준입니다.

CATL는 리튬, 양극재, 음극재, 전해액 등 리튬 배터리 소재에 집중하고 있는데요. 반도체, 완성차, 교체식 배터리, 자동차교통, 에너지서비스 등 방면에 투자하고 있습니다. 일각에서는 전기차 공급망 방면에서 비야디가 CATL보다 우위에 있다는 평가도 나오는데요.

CATL은 업스트림 분야가 취약하고 중국 전기차 판매량 급증세 속 전기차를 직접 만드는 비야디가 CATL보다 경쟁에 유리할 것으로 관측하고 있습니다. 게다가 CATL이 글로벌 배터리 시장에서 '독주' 하면서 완성차 기업들은 CATL 의존도를 낮추고 배터리 공급원 다양화에 힘쓰고 있는 상황인데요. CATL의 배터리 시장 점유율이 나날이 하락하는 이유입니다.

CATL은 배터리 판매 채널을 확보하기 위해 완성차 기업에 투자하고 협력을 강화하는 등 여러 가지 노력하고 있는데요. CATL은 현재 베이징자동차 산하 전기차기업 베이치란구(北汽藍谷·블루파크스마트에너지·BPSE), 창안자동차 산하 전기차 브랜드 아웨이타(阿維塔), 네타오토 등 6곳 전기차 기업에 직접 투자하고 있습니다.

## 진격하는 배터리 왕 CATL. 해외시장 공략 '속도'

CATL은 2022년 9월 헝가리 데브레첸시와 배터리 공장 부지 매입 계약을 체결했습니다. 헝가리 데브레첸시 남부산업단지에 들어설 CATL 헝가리 배터리 공장 부지만 221만m²에 달하는데요. 투자액만 73억 4000만 유로입니다.

앞서 지난 2019년 해외에 처음 착공한 독일 공장을 2022년 상반기 완공해 하반기부터 본격 생산에 나설 계획이지만 러시아의 우크라이나 침공에 따른 유럽 에너지 위기와 급등하는 천연가스 가격 등으로 인해 가동에 차질을 빚을 가능성이 대두되고 있는데요.

이와 관련해 비야디는 배터리 셀 생산에 많은 에너지가 필요한 만큼 천연가스 공급부족의 영향을 받고 있다면서 현재 대체 에너지를 찾는 데 노력하고 있고 신재생에너지 구입을 통해 천연가스를 대체하는 좋은 아이디어를 갖고 있다고 설명했습니다. 그러면서 겨울철 천연가스 공급난이 오거나 가격이 급등해도 CATL은 대응 체재에 돌입해 공장 가동에 차질이 없을 것이라고 강조했습니다.

CATL은 애초 멕시코와 미국 일부 주에 배터리 공장을 짓는다는 계획을 세우고 부지 등을 물색 중이었는데요. 미중 갈등이 심해지면서 북미 진출 여부가 불확실해졌습니다. 배터리 공장 외에도 CATL은 전기차 배터리 서비스 사업을 해외로 확대하는 데 열을 올리고

어라, 중국이 읽어지네

있는데요. 전기차 배터리 팩 교환사업을 중국에 이어 해외에서도 추진하는 방안을 검토 중인 것으로 알려져 있습니다.

CATL은 2022년 1월 중국 당국의 지원사격 속 'EVOGO'라는 교체식 배터리 브랜드를 출시하며 배터리 스와프(교체) 사업에 속도를 내고 있는데요. CATL은 전기차가 빠르게 보급되면서 교체식 배터리를 탑재한 전기트럭이 간선 운송, 광산, 도시인프라, 항만, 공장단지 물류 등 방면에 전방위로 보급돼 산업·물류 방면에서 전면적인 전기차 시대가 열릴 것으로 보고 있습니다. 최근엔 페트로차이나, 상하이자동차와 함께 전기차 교체식 배터리 공급업체를 설립하기로 했습니다.

CATL은 2017년부터 4년 연속 전 세계 배터리 탑재량 1위를 유지하고 있는 배터리왕인데요. 특히 중국기업들이 주도하는 리튬인산철(LFP) 배터리 방면에서 중국 시장 점유율의 절반을 차지하고 있습니다.


## 스타강사 창업신화 '뤄융하오'

창업을 또 다시 하지 않으면 100% 후회할 것 같다. 마지막 도전이자 창업이다.

2022년 7월 스마티잔(Smartisan·錘子科技) 창업자 뤄융하오(羅永浩)가 본인 웨이보(微博)에 모든 소셜네트워크서비스(SNS)를 하지 않겠다고 파격적인 선언을 하며 남긴 글인데요. 50세가 된 그는 지난 2년간 라이브 스트리밍(실시간 인터넷 방송)으로 많은 사랑을 받았지만 창업을 계속 망설여 왔다며 다시 창업의 길에 뛰어들겠다고 밝혔습니다.

그로부터 약 한 달 만에 뤄융하오는 한 라이브방송에서 '신 레드 라인(Thin Red Line)'이라는 이름의 기업을 신설한다고 공식 발표했습니다. 이 기업은 증강현실(AR) 관련 사업을 주로 다룰 예정이라고 했는데요. 고교 중퇴 후 창업의 신화를 쓴 뤄융하오가 마지막 '기적'을 일으킬 수 있을지 관심이 쏠렸습니다.

## 뤄융하오는 누구? 고교 중퇴 '창업 신화'

1972년 지린성 옌볜에서 태어난 뤄융하오는 전형적인 자수성가형 사업가로 널리 알려져 있습니다. 뤄융하오는 중국 지린성 옌볜의 최고 명문 고등학교인 옌볜 제2중에 들어갔지만 가정형편이 어려워 중퇴했습니다. 이후 중고 책을 팔거나 밀수 자동차를 거래하며 생계를 유지하다가 영어 공부를 독학해 29세에 중국 최고 명문 영어학원인 신둥팡(新東方)학원에 취직했습니다. 그는 재치 있는 입담으로 단번에 '스타 강사'로 떠올랐지요.

하지만 그는 영어 강사에 안주하지 않고 다양한 도전을 시도했습니다. 창업 아이템을 찾던 중 뤄융하오는 미국 애플의 등장으로 신선한 충격을 받게 되는데요. 그로부터 1년 후 그는 2012년 '중국판 애플'을 표방하며 스마트폰 제조업체 스마티잔을 창업했고, 스마티잔의 첫 번째 스마트폰인 '스마티잔 T1'은 독창적인 디자인과 기발한 소프트웨어, 간편한 조작으로 대박을 터뜨리면서 창업 2년 만에 중국 스마트폰 시장에서 어느 정도 입지를 굳히게 됐습니다.

하지만 좋은 날은 얼마 가지 않았습니다. 이후 출시한 스마트폰은 지지부진한 성적을 거뒀고, 2015년부터 해마다 평균 4억 위안(약 776억 원) 이상 적자를 기록하며 경영 위기에 시달린 것인데요. 여기에 엎친 데 덮친 격으로 2018년 미·중 무역전쟁의 '희생양'으로 전락하게 되면서 참패를 맛보게 됩니다.

당시 스마티잔의 실패로 그는 6억 위안(약 1165억 원) 이상 빚을 떠안게 되면서 악성 채무자, 이른바 '라오라이(老賴)'로 낙인찍히기도 했습니다. 이후 그는 스마트폰 과는 전혀 연관성이 없는 사업인 전자담배를 추진하겠다고 나섰지만 이마저도 실패로 돌아가며 그는 갈 곳이 없어지게 됐습니다.

두 차례 창업 실패를 겪었지만 뤄융하오는 또다시 도전장을 내밀었습니다. 2020년 코로나19 사태로 비대면 서비스가 확산되자 라이브 스트리밍 시장으로 눈길을 돌린 것인데요. 그가 인터넷 생방송으로 물건을 판매한다는 것 자체로도 중국에서 큰 화제였는데, 방송 첫날부터 엄청난 조회 수와 매출을 올려 다음날 중국 주요 '뉴스' 면을 장식하기도 했습니다.

당시 그는 더우인 방송 3시간 동안 로봇청소기 등 23가지 물품을 판매해 1억 1000만 위안에 달하는 매출을 달성해 더우인 판매 역사상 최고 매출을 기록했습니다. 뤄융하오의 생방송 동시 시청자 수도 4800만 명을 넘었습니다.

**뤄융하오, AR 시장에 출사표**

2022년 6월 라이브 스트리밍 등 모든 SNS에서 손을 떼겠다고 밝힌 지 한 달 만에 온라인상에 모습을 드러낸 뤄융하오는 AR 시장 진출 신호탄을 쏘아올렸습니다. 뤄융하오는 '자오거펑유(交個朋友)'라는 유명 라이브 방송을 통해 '신 레드 라인'이라는 기업 이름을 공개하며 AR 시장에 출사표를 냈는데요. 기업 이름은 미국 영화 '신 레드 라인(The Thin Red Line)'에서 착안한 것으로 전해졌습니다.

신 레드 라인은 아직 중국명이 없는 것으로 전해졌는데요. 하지만 주변에서는 신 레드 라인을 중국어로 번역한 시훙셴(細紅線·짧은 빨간 선)을 검색하면 2018년 설립된 베이징시훙셴커지유한공사(北

京細紅線科技有限公司·시훙셴)가 검색된다며 겉으로 보기엔 뤄용하오와 밀접한 관련이 없는 것으로 보이지만 사실 뤄용하오의 최측근이라는 주장을 내고 있습니다.

실제 뤄용하오는 시훙셴의 지배주주 리스트에는 이름이 없지만 관련 주주가 모두 그와 밀접한 관계가 있는 것으로 나타났는데요. 시훙셴의 법적 대표는 뤄용하오가 영어학원 강사로 근무할 당시 해당 학원 부원장이자 스마티잔 이사였던 쉬한으로 드러났습니다. 또 지배주주 리스트에는 쉬한뿐만 아니라 뤄용하오의 라이브방송 파트너였던 자오거펑유수마커지유한공사 창업자인 황허도 포함됐습니다. 쉬한과 황허는 각각 시훙셴 지분을 99%와 1% 보유하고 있는 것으로 알려졌습니다.

## 중국 AR 시장, 메타버스 붐 타고 폭발적인 성장세 기대

뤄용하오가 AR 시장에 뛰어든 건 AR의 시장 잠재력 때문이라고 시장은 보고 있는데요. 실제 메타버스의 핵심 기술로 꼽히는 가상현실(VR)과 AR 시장이 메타버스 붐을 타고 최근 몇 년간 성장세가 굉장히 빠릅니다.

2021년 중국 AR·VR 시장 IT 관련 지출 규모가 21억 3000만 달러(약 2조 7849억 원)에 달하고 2026년엔 130억 8000만 달러로 세계

2대 시장으로 자리매김할 것으로 보고 있는데요. 이 중 AR 지출과
VR 지출이 각각 연평균 49%, 41.5% 성장세를 기록할 것으로 예상
하고 있습니다.

향후 5년간 세계 국가 중 가장 빠른 속도로 성장하고, 중국 AR·VR
시장 규모는 2022~2026년 5년간 연평균 약 44% 성장세를 보이면
서 세계 1위를 차지할 것이라고 보는 견해도 있습니다.

이 같은 AR 시장 성장세에 힘입어 뤄융하오가 이번에는 성공할 수
있을 것이라는 기대 섞인 목소리가 나오지만, 이와 함께 우려하는
목소리를 내는 이들도 있습니다. 이미 텐센트, 바이트댄스 등 중국
빅테크(대형 기술 기업)들이 AR, VR, 메타버스 등 성장 잠재력이 있
는 사업에서 고용과 투자를 늘리는 등 몸집 키우기에 열을 올리고
있기 때문인데요. 특히 텐센트는 인터랙티브엔터테인먼트(IEG) 사
업부 산하에 확장현실(XR) 전담부서를 설립해 AR·VR 등 관련 콘
텐츠 생산에서부터 AR·VR 관련 디바이스 개발 등 사업을 추진하
고 있습니다.

그럼에도 뤄융하오는 자신감을 보이고 있는데요. 똑같은 실패를 되
풀이하지 않겠다는 각오입니다. 뤄융하오는 "AR 사업에서 어느 정
도 시장 점유율을 확보한 다음에 스마티잔을 다시 살릴 것"이라고
말했는데요. 애플 아이폰에 버금가는 하이엔드급 스마트폰을 출시
해 성공하는 것이 그의 꿈이라면서 '중국판 애플'이라는 목표는 아

직 포기하지 않았다고 강조했습니다.


## 중국을 선택한 '천재 과학자' 옌닝

세계적으로 권위 있는 생명과학자 옌닝(45)이 2022년 11월 미국 프린스턴대 종신교수직을 사임하고 귀국을 선언했습니다. 옌닝은 중국 광둥성 선전에서 열린 글로벌 혁신인재 포럼에서 "선전이 나에게 올리브 가지를 내밀었고, 나는 서둘러 프린스턴대에 사직서를 제출했다"며 앞으로 선전 의학과학원 초대원장으로 재임할 것이라고 밝혔습니다.

중국 현지 매체마다 옌닝의 귀국 소식을 떠들썩하게 보도했는데요. 중국 사회관계망서비스인 웨이보 실시간 검색어 1위에 올랐을 정도로 화제가 됐습니다. 최근 고조되는 미중 갈등 속 시진핑 중국 국가주석이 나서서 과학기술 자립 자강과 인재 육성의 중요성을 강조하는 상황이라 세간의 관심이 더 쏠린 것 같은데요.


**5년 전 중국 열악한 연구환경 비판… 미국행 선택**

옌닝은 중국 과학계 여신으로 불렸던 인물입니다. 2000년도 중국 최고 명문 칭화대학교 생물과학과 졸업 후 미국 프린스턴대에서 석·박사를 마쳤습니다. 당시 미국 최고 암 연구자로 인정받았던 중국계 학자 스이궁 프린스턴대 교수를 스승으로 모셨는데요. 이후 2007년 30세 나이에 모교인 칭화대로 돌아와 최연소 정교수로 임명됐습니다.

옌닝은 암과 같은 질병과 관련된 단백질 물리 구조 등을 집중 연구하며 획기적인 성과를 냈는데요. 2015년 세계 최초로 포도당 수송 단백질 GLUT1의 결정구조를 분석해 세계 과학계가 50년간 풀지 못한 난제를 해결했다는 극찬을 받았습니다.

2009년부터 네이처, 사이언스, 셀 등 세계 3대 과학학술지(NSC)에 19편의 논문을 발표하는 등 중국 생물과학계 권위자로 등극했는데요. 특히 여성 과학자의 불모지라 불리는 중국 과학계에서 옌닝의 성과는 더욱 주목을 받았습니다. 2019년 중국과학원, 중국공학원 여성 원사 비율은 각각 6%, 5.3%에 그치고 있는데요.

하지만 2017년 옌닝이 프린스턴대 분자생물학 종신 교수로 초빙돼 중국을 돌연 떠나며 중국 두뇌유출 논란이 있었습니다. 당시 그는 중국의 열악한 과학연구 환경을 신랄하게 비판해 중국 과학계에 자성의 목소리가 일기도 했는데요. 하지만 최근 들어 첨예해지는 미중 갈등 속 중국이 과학기술 발전과 인재 육성을 강조한 가운데 다시 귀국하게 됐습니다.

## 중국 기술, 인재육성 VS 돌아오는 중국 두뇌들

특히 반도체, 배터리, 바이오의료 등 첨단기술 분야에서 미국의 중국 제재 움직임이 두드러지는데요. 미국은 중국으로의 핵심 기술은 물론 인재 유출도 막고 있습니다. 중국으로선 기술과 인재 육성이 더 절실해진 상황입니다.

시진핑 주석이 20차 당대회 보고에서 "과학기술은 제1생산력, 인재는 제1자원, 혁식은 제1동력"이라며 "과교흥국(科敎興國), 인재강국, 혁신발전 전략을 시행하겠다"고 강조한 배경입니다. 중국매체들은 "당대회 보고서에 처음으로 교육·과학기술·인재 전략을 하나로 묶는 혁신형 국가 건설을 밝혔다"고 전했습니다.

일부 서방 매체는 서방국이 중국 과학계 목줄을 조이면서 과학자는 중국에서 거의 신과 같다며 특히 20차 당대회 폐막 후 얼마 지나지 않아 귀국한 옌닝은 주목받을 수밖에 없는 상황이라고 전했는데요. 미중 갈등 등 국제 정세 변화라는 특수한 시점에 미국에서 누리던 모든 우대와 혜택을 포기하고 귀국한 것은 시사하는 바가 적지 않은 것 같습니다.

2021년 1400명 이상의 중국 과학자들이 미국 학술기관, 기업에서 사임하고 귀국했는데요. 이는 전년 동기 대비 22% 증가한 수치입니다. 미국 내 적대적인 정치, 인종 환경 때문에 중국계 과학자, 엔

지니어가 미국 명문대 종신교수직도 포기하고 떠나고 있는 상황으로 보입니다.

사실 중국이 오늘날 유인우주선 발사에 성공하는 등 과학강국으로 발돋움하는 데는 1950년대 첸쉐썬과 같은 해외 우수 두뇌들을 대대적으로 유치한 게 신의 한 수였는데요. 미국 매사추세츠공대(MIT)와 캘리포니아공대를 졸업한 첸쉐썬은 미국 국방과학위원회에서 미사일 개발을 연구하다가 중국으로 돌아와 중국 로켓, 미사일 개발을 주도해 '중국 우주개발 대부'로 불린 인물입니다.

## 선전을 글로벌 생명의학 중심 도시로

옌닝은 중국 과학기술 발전과 인재 육성에 대한 의지를 내비쳤는데요. 그는 지난 20여 년간 항상 최적의 과학연구 환경 속에서 똑똑한 석박사생을 모아 연구 프로젝트 경비를 지원받으며 자유롭게 연구할 수 있는 행운을 누렸다며 이제는 이러한 행운을 더 많은 청년들이 누리도록, 유혹이나 걱정 없이 자신의 능력을 펼쳐 진정한 독창적인 연구를 할 수 있기를 바란다고 했습니다.

옌닝이 초대 원장으로 재임하는 선전 의학과학원은 2019년 중국 국무원이 광둥성 선전을 중국특색사회주의 선행시범구로 지정하면서 설립한 것인데요. 세계적인 저명한 의학연구기관이 되는 게 목표입니다.

옌닝은 "오늘날 의학은 이미 바이오, 화학, 소재, 기계, 전자, 인공지능 등의 학과를 종합한 고도의 복잡한 학문이 됐다"며 "선전 의학과학원의 사명은 연구, 제약, 의료를 긴밀히 연계해 기초과학 분야에서 성과를 내고, 이를 상용화하는 것"이라고 전했습니다.

특히 그는 "선전은 젊고 활력이 넘치는 꿈의 도시다. 여기선 모든 게 가능하다"며 "내 꿈은 우리 세대, 그리고 몇몇 세대가 함께 노력해 10년, 20년 후 세계 생명의학계에서 선전이 중요한 위치를 점하는 것"이라고 말했습니다.

제4부

# 시진핑 집권 3기, 본격 드라이브

# '7상8하' 깨지고, '능상능하'

2022년 10월 22일 중국 공산당 20차 전국대표대회(당대회)가 막을 내렸는데요. 시진핑 중국 국가주석의 3연임을 확인하며 그의 당내 굳건한 정치적 위상을 다시 한번 확인하는 자리였습니다. 시진핑 집권 3기의 주요 자리에는 '시진핑의 사람들'로 대거 채워졌다는 분석인데요. 중국의 새로운 5년을 이끌고 나갈 주요 인물과 방향, 그리고 중국 정치구조에 대해 쉽게 핵심만 소개해드리겠습니다. 이 정도는 꼬~옥 알고 가시면 좋을 것 같습니다. 시간을 돌려 2022년 10월로 돌아가 보겠습니다.

## '공청단파' 리커창, 왕양 퇴진 VS '시진핑 사단' 약진

시진핑의 사람들. 이른바 시자쥔(習家軍)의 약진이 두드러지면서 향후 시진핑 집권 3기 최고 지도부가 시진핑 주석의 '충성파'로 채워질 것을 예고했습니다. 20차 당대회를 마치며 시진핑 집권 3기를 함께할 공산당 수뇌부인 20기 중앙위원회 위원 205명과 후보 171명 명단을 공개했는데요. 앞으로 중국 최고지도부인 상무위원을 비롯해 중앙정치국원, 신임 국무위원, 중앙부처, 주요 국유기업 지도자, 군수뇌부 등의 주요 직책을 맡게 될 인물을 미리 짐작할 수 있었습니다.

## '7상8하' 깨지고, '능상능하'의 새로운 원칙

'67세는 들어오고, 68세는 나간다'라는 7상8하(당대회 기준 67세까지는 상무위원 가능, 68세 이상은 퇴임)의 원칙을 깨고, 능력이 좋으면 올라가고 능력이 낮으면 내려오는 '능상능하'의 새로운 원칙이 세워졌는데요.

우선 상무위원급에서는 시진핑(69) 주석이 3연임을 확정했고, '시진핑 책사'로 불리는 왕후닝(67) 중앙서기처 서기와 '시진핑의 칼잡이' 자오러지(65) 당중앙기율검사위 서기가 살았습니다. 반면 리커창

어라, 중국이 읽어지네

(67) 총리, 리잔수(72) 전국인민대표대회(전인대) 상무위원장, 왕양 (67) 전국정치협상회의 주석, 한정(68) 상무부총리는 20기 중앙위원 명단에서 빠지며 사실상 퇴진이 확정됐습니다.

리잔수와 한정은 7상8하 관례에 따라 이미 퇴진이 예고됐지만, 후진타오 전 국가주석의 공산주의청년단(공청단) 계열로 분류되는 리커창과 왕양은 67세 나이에도 조기 은퇴하게 된 것인데요. 그간 세간에서는 리커창이 전인대 상무위원장으로 자리를 옮기고 왕양이 차기 총리를 맡을 것이란 관측이 있었습니다.

상무위원을 제외한 중앙정치국원(18명) 중에서는 절반이 남았는데요. 대부분이 시진핑의 최측근 세력으로 알려져 있습니다. 천민얼 (62) 충칭시 서기, 딩쉐샹(60) 당중앙판공청 주임, 리창(63) 상하이시 서기, 리시(66) 광둥성 서기, 차이치(67) 베이징시 서기, 황쿤밍 (66) 중앙선전부 부장, 장유샤(72) 중앙군사위 부주석, 후춘화(59), 부총리, 리훙중(66) 톈진시 서기 등입니다.

특히 시 주석의 최측근인 장유샤는 70세가 넘는 고령임에도 유임되어 중앙군사위 부주석 연임을 예고했습니다. 공청단파 계열에서는 한때 차기 지도자로 물망에 올랐던 후춘화 부총리가 그나마 남았습니다.

## '시진핑 키즈' 대거 입성

'시진핑 키즈'로 불리는 치링허우(1970년대 출생) 세력은 이번 20차 당대회에서 중앙위원 후보위원으로 대거 진입했는데요. 지금부터 나오는 인물들이 차세대 중국을 이끌 주요 지도자가 될 가능성이 크기 때문에 잘 살펴보시기 바랍니다.

스광후이 구이저우성 정법위 서기, 류제 항저우시 서기, 류창 산둥성 지난시 당서기, 류훙젠 윈난성 쿤밍시 서기, 주거위제 상하이시 상무위원 겸 비서장, 샤린마오 베이징시 당상무위원, 렌마오쥔 톈진시 빈하이구 서기, 궈닝닝 푸젠성 부성장 등이 눈에 띄었습니다.

한편 류허 부총리, 이강 인민은행 총재, 궈수칭 인민은행 서기 등이 빠지면서 향후 중국 경제라인 교체도 예고되었는데요. 중국 외교사령탑인 양제츠(72) 외교 담당 정치국원은 은퇴하고, 왕이(69) 중국 국무위원 겸 외교부장이 유임해 양제츠의 뒤를 이을 것으로 보았습니다.


## 집중! 중국 권력구조 소개

중국의 권력구조를 살펴보면 약 14~15억 명 정도의 인구 중에

어라, 중국이 읽어지네

9000만 명 정도가 공산당에 가입되어 있다고 하는데요. 당 최고 의 사결정기관인 중국 공산당 전국대표가 2000여 명 있습니다. 이들이 공산당 전국대표대회를 통해 공산당의 중점 안건을 검토하고 결정하는 역할을 하지요.

공산당 전국대표 중에 약 200여 명의 중앙위원회가 공산당의 전반적인 업무를 관장하고 있습니다. 중앙위원은 5년에 한 번씩 당대회에서 선출하는데요. 1년에 한 번 정도 열리는 회의에 참석해서 당의 방침이나 국가의 발전 계획 등을 논의합니다.

중앙위원회 위에는 중앙정치국 위원 25명이 있는데요. 공산당 중앙위원회에서 선출되는 25명의 위원으로 월 1회 당의 주요 정책에 대해 논의하는 회의에 참석합니다. 중앙정치국 위원은 중국 고위직 정치인들로 이루어지기 때문에 중국 권력의 최고 핵심 기구 인물이라고 할 수 있는데요.

또 그 위에 중앙정치국 상무위원 7명이 있습니다. 정책 결정의 핵심이 되는 7명으로 각각이 국가 조직이나 군 등의 최고 간부인데요. 후진타오 체제에서는 9명이었습니다.

정치국 상무위원이 되면 중국의 정치실세라고 볼 수 있는데요. 현재 시진핑은 중국 군사력을 통제하는 중앙군사위원회 주석도 맡고 있습니다. 중국은 일당 독재체제이기 때문에 공산당 간부들을 견제하고 처벌하기 위한 중앙기율검사위원회가 있습니다. 한국으로 따

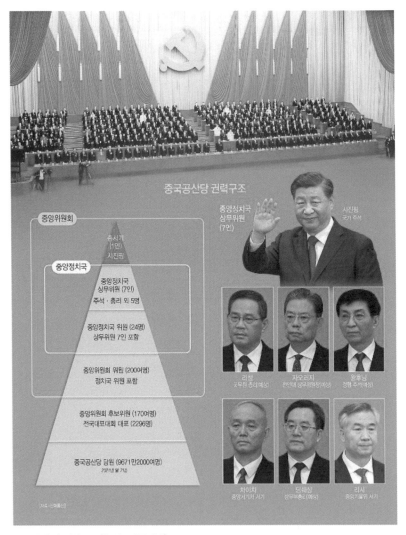

중국공산당 권력구조(출처: 아주경제)

지면 감사원의 역할을 하는 사정기관인데요. 그동안 시진핑의 칼잡이로 알려진 자오러지 당중앙기율위 서기가 사정기관의 '짱'으로 그 역할을 톡톡히 해냈고, 그 결과 상무위원으로 남게 됐다는 평가입니다.

## 공청단 VS 상하이방 VS 태자당

중국 공산당에는 몇 가지 큰 세력들이 있는데요. 지금은 크게 3가지로 보고 있습니다. 상하이파, 베이징파, 충칭파 등도 있는데요. 지금은 여러 개의 파벌들이 영향을 미치면서 몇 개에 속해서 몇 다리 걸치고 있는 상황이라고 합니다.

## 엘리트집단 공청단

공산당원이라면 대부분 거치는 공청단. 중국 공산주의청년단인데요. 중국의 엘리트집단으로 공청단 출신들이 각 지방정부 요직을 빠르게 거쳐 중앙으로 진출하는 경우가 많습니다. 같은 급의 시장이 한 단계 한 단계 어렵게 올라갈 때, 공청단 출신은 몇 단계 점프해서 빠르게 올라가는 모습을 많이 보았습니다. 중앙부터 지방까지 두루 중국을 움직이고 있는 집단이 공청단이라고 할 수 있습니다.

대표적인 인물은 후진타오, 리커창, 류윈산 등이 있습니다.

## 장쩌민의 상하이방

상하이와 그 인근 주변 지역 출신 사람들로 1990년 국가 중앙군사위원회 주석에 올라 중국의 당과 정부의 전권을 완전히 장악했던 장쩌민이 대표적인 인물인데요. 상하이 지역에서 금융과 사업으로 돈을 번 부자들이 많다고 알려져 있습니다.

짱저민이 힘을 가진 후 상하이에 기반을 둔 인사들이 대대적으로 베이징에 진출하게 됐는데요. 이들은 주로 경제에 중점을 두었고, 중국 개혁 개방 이후 중국 외교를 담당해 온 인물들입니다. 대표적인 인물은 장쩌민, 장더장, 장가오리 등이 있습니다.

## 고위층 인사들의 자녀, 태자당

네이버 백과사전을 보면 태자당을 부모의 후광으로 정계나 재계에서 막강한 권력을 휘두르는 중국 공산당 원로나 고위 관료의 자제라고 정의하는데요. 고위층 인사들의 자녀이다 보니 전 중국 요직에 두루 퍼져 있는 상황입니다. 이들이 어떤 하나의 조직으로 모여 있지는 않지만 학교, 직장 등을 통해 촘촘하게 관계를 맺으며 경제,

재계 등을 주름잡고 있는데요. 태자당의 대표적인 인물은 시진핑, 위정성, 왕치산 등입니다.


## 집권 3기. 새 시대 날아오른 새 인물

시진핑 집권 3기 시대를 이끌어 갈 중국 공산당 최고 지도부인 중앙 정치국 7인 상무위원이 시진핑 주석을 비롯해 시 주석의 절대 충성 파와 최측근들로 채워졌는데요. 중국 공산당은 10월 23일 베이징 인민대회당에서 열린 내외신 기자회견에서 시진핑 국가 주석을 비롯해 리창 상하이시 당서기, 자오러지 전 중앙기율검사위 서기, 왕후닝 전 중앙서기처 서기, 차이치 베이징시 당서기, 딩쉐샹 당중앙 판공청 주임, 리시 중앙기율검사위원회 서기 등을 새 상무위원순으로 소개했습니다.

이번에 상무위원 명단에 처음으로 이름을 올린 리창, 차이치, 딩쉐샹, 리시 등은 모두 시진핑 주석 측근, 이른바 시자쥔(習家軍, 시진핑 주석의 옛 부하)인데요. 여기에 기존 상무위원이던 왕후닝, 자오러지는 시 주석에 대한 절대적인 충성을 보여 준 인물입니다. 7인 상무위원이 모두 완벽한 시진핑 주석 세력으로 채워지면서 시 주석의 1인 집권 체제가 더욱 강화될 것으로 보이는데요. 향후 5년간 중국을 이끌어 나갈 주요 인물들을 소개해드리겠습니다.

## 후춘화 부총리 VS 리창 상하이시 서기

2022년 여름을 지나며 시진핑 중국 국가주석의 집권 3기를 떠받칠 '2인자'인 총리에 대한 관심이 점점 뜨거워지기 시작했습니다. 특히 베이다이허 회의가 끝나면서 총리자리에 누가 앉을지 세간의 주목이 쏠렸는데요. 중국총리는 국무원 수장으로 중국 내 서열 2위 자리입니다. 중국 경제를 이끌어가고, 다자 정상회담에서 중국을 대표해 참석하기도 합니다.

베이다이허 회의 : 중국 전현직 수뇌부가 함께 여름 휴가를 보내며 주요 국정 현안을 논의하는 자리. 보통 매년 7월 말부터 8월 초 휴양지인 베이다이허에 모여 여름휴가를 겸한 비밀회동을 갖고 있다. 베이다이허 회의는 여름철 최고 지도부의 지방 시찰과 7월 중앙정치국 회의가 종료된 직후 시작된다.

20차 당대회를 앞두고 리커창 총리가 퇴임할 것으로 예상하면서 왕양 전국정치협상회의 주석, 후춘화 부총리, 리창 상하이시 서기가 후보로 물망에 올랐는데요. 사실 왕양 주석이 유력한 후보로 올라 있었지만 당대회를 바로 앞두고 후춘화 부총리와 리창 서기 간 2파전이 펼쳐질 것으로 보았습니다.

일각에서는 시진핑 주석의 장기 집권에 대한 내부 비판을 달래기 위한 전략적 움직임 차원에서 중국 차기 총리에 후춘화 부총리를 내정할 수 있다고 예상했는데요. 후 부총리는 시 주석과 다른 정파인 공산주의청년단(공청단) 출신이라는 점에서 후 부총리가 총리직에 오른다면 시 주석이 다른 정파와 타협했다고 볼 수 있다는 이유입니다. 리창 서기보다 후춘화 부총리를 총리로 임명한다면 공산당의 정치적 통합을 알리게 된다는 큰 장점이 있는데요. 또 칠상팔하 원칙에 의하면 후춘화가 유일하게 연령 제한에 걸리지 않는 상황이고요.

후 부총리는 '최연소' 기록을 여러 차례 갈아치운 인물입니다. 27세 때 최연소 부국장급이 됐고, 2008년에는 45세라는 젊은 나이로 중국 사상 최연소 성장이라는 기록을 썼습니다. 이후 최연소 장관급 간부, 최연소 중앙위원이라는 기록을 세웠습니다.

한편, 또 다른 일각에서는 시진핑 주석의 최측근으로 꼽히는 리창 상하이시 서기가 총리로 유력하다는 의견도 많았습니다. 리창 서기는 시진핑 주석이 저장성 당 서기로 있을 때 비서장으로 일하며 보좌관 역할을 했던 최측근인데요. 하지만 코로나19 방역 실패에 따른 상하이 봉쇄로 중국 경제를 침체에 빠뜨린 것이 최대 약점이 되었습니다. 인구 2000만 명 이상인 대도시이자 중국의 경제수도인 상하이 민심이 돌아선 것을 고려할 때 리창 서기가 상무위원으로 진입하는 것을 어려울 것이란 관측이 많았는데요.

## 중국 총리 '리창'은 누구?

결국 리창이 중앙 상무위원 7인에 합류하며 당시 세계 2대 경제대 국을 이끌어 나갈 중국 차기 총리 내정자가 되었습니다. 중앙 행정 경험이 전무한 중국 최초의 비(非)경제 전문가 총리라는 우려의 목 소리가 나왔는데요. 하지만 중국 경제 허브인 창장삼각주의 상하 이, 저장, 장쑤 지역에서 성장 혹은 서기를 역임했던 중국 최초의 총 리로 '친기업적', '친시장적' 관료라는 기대감이 높았습니다.

1959년 저장성 루이안에서 태어난 리창은 1983년 중국 공산당에 입당했습니다. 리창은 시진핑의 저장성 근무 시절 핵심 부하 인맥 인 '즈장신쥔(之江新軍)' 중 한명입니다. 저장성 출신인 그는 시진 핑이 2002~2007년 저장성 성장과 당 서기를 지낼 당시 비서실장 격인 저장성 당위원회 판공청 주임을 맡으면서 승진 가도를 달리게 되는데요.

시진핑 지도부 출범 직후인 2013년 1월 저장성 성장에 오른 그는 외곽에서 시진핑을 지원해 왔습니다. 2015년 9월에는 시진핑의 미국 방문을 수행해 명성을 얻기도 했는데요. 시진핑 주석의 두터운 신임을 바탕으로 2016년 장쑤성 서기로 승진한 데 이어 2017년 19기 중앙정치국원으로 선출되며 상하이시 서기로 발탁됐습니다.

리창은 중국 경제 성장 과정에서 민영경제와 시장의 역할을 강조하고 있습니다. 민영경제는 지역경제의 최대 활력소이고 민영기업의 활력과 혁신력이 중국 민영경제 발전에 매우 중요하다고 언급했습니다. 또 시장이 활기를 띠려면 기업이 많아져야 하고, 기업이 많아지면 경쟁이 더 치열해지며 시장은 더 활기를 띠게 된다고 강조했는데요.

"밸브를 열어 물을 주려면 문턱을 낮춰야 한다"며 교육, 의료 등 공

리창은 누구?(출처: 아주경제)

공 서비스 시장에 민영기업이 진출하는 것을 적극 지지했습니다. 그는 정부 역량에는 한계가 있는 만큼, 민간의 힘으로 공공 서비스의 부족한 부분을 메워야 할 것을 조언했습니다.

그는 저장, 장쑤, 상하이시 3개 지방 정부의 수장을 맡으면서 현지 중국기업인은 물론 다국적 기업인과도 긴밀히 소통하며 친분을 쌓았는데요. 일반적으로 민간 경제가 발달한 이곳 관료들은 경제 운용 경험이 풍부하고 융통적이고 개방적이라는 평가를 받고 있습니다.

특히 상하이 서기 시절 치적은 화려한데요. 미중 갈등이 격화하던 2019년 시진핑 주석이 하이테크 기업 자금 조달의 중요성을 강조하면서 제창한 '상하이판 나스닥' 커촹반이 리창의 진두지휘 아래 상하이거래소에서 일사천리로 출범했습니다. 미국 전기차 기업 테슬라 공장 투자를 상하이로 유치하는 데도 큰 공을 세웠습니다.

코로나19 사태 발발 이후 베이징, 선전 등 다른 대도시가 소규모 확진자 발생에도 도시를 봉쇄하는 등 강압적인 제로코로나 정책을 시행할 때도 상하이는 줄곧 유연한 방역 정책을 선보였는데요.

코로나 확진자가 발생한 일부 지역만 타깃으로 정밀화 방역을 실시하는 방식이었습니다. 이를 통해 방역이 지역경제에 미치는 충격을 최소화했는데요. 한때 중국 언론들은 상하이 특색 방역 모델을 높이 평가하며 이를 중국 전역으로 확산해야 한다고도 했습니다.

어라, 중국이 읽어지네

하지만 올 봄 상하이에 갑작스럽게 코로나 확진자가 대규모로 발생하면서 상황은 반전됐는데요. 결국 상하이는 도시 전체가 두 달간 봉쇄되는 최악의 사태를 겪었습니다.

지역경제는 마비됐고, 리창이 그간 상하이 당서기로서 공들여 쌓은 업적과 명망은 한순간에 무너졌는데요. 그는 상하이 주민들의 불만과 원성을 사며 신뢰를 잃게 됐습니다. 리창이 차기 상무위원 후보에서 탈락할 것이란 관측이 무성한 상황이었습니다. 하지만 시진핑 주석은 여전히 리창을 중용하며 그를 차기 총리로 낙점했습니다.

현재 차기 총리 리창에 대한 가장 큰 의문은 그가 시진핑 주석의 지시를 맹목적으로 따르는 '꼭두각시 총리'가 될 것인지, 아니면 시진핑 주석의 절대적 신뢰를 잘 활용해 친기업적 행보로 개혁개방을 진두지휘하게 될 것인가인데요.

중국에서 지방 행정 경험이 없는 사람이 국무원 1인자로 올라선 것은 이번이 처음이라 불안하다는 의견과 리창이 추진하는 친기업적, 친시장적 정책은 시진핑 주석의 지지를 받으며 성과를 낼 것이란 의견이 엇갈리고 있습니다.

# 향후 5년, 주요 인물 '누구게?'

## 서열3위 = '시진핑 충성파' 자오러지 / 전인대 상무위원장으로

20기 신임 상무위원으로 공산당 서열 3위로 발탁된 자오러지는 차기 전국인민대표대회 상무위원장직을 맡게 됐는데요. 그는 1975년 7월 공산당에 입당, 1980년 1월 베이징대학 철학과를 졸업하고 중앙당교 연구생을 지냈습니다

자오러지는 1980년 칭하이성 상업청 근무를 시작으로 30년 가까이 칭하이성에서 근무했는데요. 2000년 그는 칭하이성 성장으로 발탁돼 중국 '최연소 성장' 타이틀을 거머쥐며 주목받았습니다. 이어 2003년 칭하이성 1인자로 올라서며 '최연소 당서기'가 된 그는 2007년 산시성으로 자리를 옮겨 당서기를 맡았습니다.

자오러지가 승승장구할 수 있었던 건 자오러지의 조부인 자오서우산의 연줄도 있었겠지만, 자오러지가 산시성 당서기 시절 시진핑 주석에게 신임을 크게 받게 되는데요. 이후 자오러지는 2012년 18차 당대회에서 중앙정치국원으로 입성, 2017년까지 중국공산당 중앙조직부 부장직을 수행하는 등 권력 핵심층으로 다가갔습니다. 시진핑 주석의 직계 부하 출신 그룹인 시자쥔에 속하는 그는 시진핑 최측근으로 불리며 시진핑 집권 2기에 왕치산을 대신해 반부패 사

령탑을 맡아 반부패 사정 작업을 총지휘했습니다.

## 서열4위 = '시진핑 책사' 왕후닝 / 정협 주석으로

20기 신임 상무위원으로 발탁된 왕후닝은 공산당 서열 4위로 차기 전국정치협상회의 주석을 맡았습니다. 1955년 산둥성 라이저우시 출신으로 1984년 4월 공산당에 입당했습니다. 상하이사범대학 간부학교와 푸단대학에서 학업을 마친 후 푸단대에 남아 최연소 교수가 됐습니다. 이후 국제정치학과 주임과 법과대 학장 등을 거쳤는데요.

왕후닝은 1995년 장쩌민 전 국가주석의 측근이었던 쩡칭훙의 발탁으로 당 중앙정책연구실에 들어오며 정계에 본격 진출하게 됩니다. 그는 당 중앙정책연구실 정치팀 팀장을 지내고 당 중앙정책연구실 부주임을 거쳐 후진타오 집권 때 중앙정책연구실 주임으로까지 발탁, 15년간 중앙정책연구실 주임에 재직하면서 장쩌민의 3개 대표론, 후진타오의 과학적 발전관 등 역대 주석의 지도사상을 정립했습니다.

이후 2012년 11월 시진핑이 집권하면서 18기 정치국원으로 선출됐는데요. '중앙정책연구실 구성원은 정치국원이 될 수 없다'는 관례를 깼고, 5년 전인 2017년 19기 상무위원에 발탁돼 중국 최고 지도부에 입성했습니다.

왕후닝은 시진핑 집권기에 중요한 역할을 톡톡히 해 왔는데요. 중국 건국 100주년인 2049년까지 중국을 '전면적 사회주의 현대화 국가'로 만들고, 미국의 견제에 맞서 '자강론'에 입각한 부국강병을 외치는 시진핑의 여러 공약은 왕후닝의 제안이었던 것으로 전해졌습니다.

### 서열5위 = '시진핑의 옛 부하' 차이치 / 중앙서기처 서기로

1955년 푸젠성 융안에서 출생한 차이치는 1975년 공산당에 가입했습니다. 그해 추천을 받아 푸젠사범대에 입학했는데요. 4년간 정치교육학을 전공한 그는 졸업 후 학교에 남아 일을 했고, 1983년 푸젠성 위원회 판공실에서 근무하면서 정계에 입문하게 됩니다. 차이치도 과거 푸젠, 저장성에서 근무할 당시 10년 넘게 시진핑을 보좌해온 충실한 옛 부하인 즈장신쥔 중 하나인데요.

2014년 시진핑 주석은 저장성 상무부성장으로 있던 그를 중앙으로 불러들여 신설 중앙국가안전위원회 판공실 부주임이라는 직책을 맡겼습니다. 이후 그는 2016년 말 베이징시 대리시장, 이듬해 1월 정식 시장에 선출됐고, 이어 5월 베이징시 당서기까지 초고속 승진 가도를 달렸습니다. 19차 당대회에서는 두 단계를 건너뛰고 곧바로 중앙정치국원 명단에 이름을 올렸습니다. 차이치는 저장성 상무위원회 위원 당시 개인 소셜네트워크서비스 '웨이보' 계정을 개설하고 일반인과 소통해 인민친화적 간부로 부상하기도 했습니다.

## 서열6위 = '시진핑 비서실장' 딩쉐샹 / 상무부총리로

20기 신임 상무위원으로 공산당 서열 6위로 발탁된 딩쉐샹 당중앙 판공청 주임은 당시 차기 상무부총리에 오를 것으로 예상된 인물이었습니다. 그는 시자쥔의 대표 인물로 꼽히고 있습니다. 시진핑 주석의 '그림자'로 불리며 묵묵히 그의 비서실장 역할을 해 왔는데요. 상하이재료연구소에서 17년 넘게 근무하며 말단 연구직부터 부소장, 소장까지 오른 그는 1999년 37세의 나이에 상하이시 과학기술위원회 부주임으로 뒤늦게 정계에 입문합니다. 2004년부터는 상하이시 조직부 부부장, 인사국 국장, 부비서장, 판공청 주임 등 직무를 담당했는데요.

특히 2007년은 그의 정치 인생을 바꾼 해와 같습니다. 그해 3~10월 시진핑 주석이 잠깐 상하이시 당서기로 재임할 시절, 상하이 판공청 주임으로 승진하며 사실상 시진핑의 비서로 발탁된 것인데요. 당시 시진핑과 함께 근무한 1년도 채 안되는 짧은 기간 그는 시진핑의 신뢰를 얻었습니다. 시진핑이 국가주석으로 등극한 2013년 딩쉐샹은 베이징으로 올라와 당중앙판공청 부주임을 맡았는데요 2017년 19차 당대회에서는 중앙위원을 건너뛰고 곧바로 중앙정치국원에 입성해 당중앙판공청 주임으로 승진했습니다. '시진핑의 비서'로서 그림자 역할을 톡톡히 해냈다는 평가를 받는데요

딩쉐샹의 최대 강점은 중앙판공청에서 10년간 근무하며 시진핑 주석의 지방시찰이나 해외순방 때 항상 곁을 지켰기 때문에 시진핑 주석의 의중이나 업무 스타일을 그 누구보다 잘 헤아릴 수 있다는 점입니다.

딩쉐샹은 과거 상하이시 당비서실장으로 근무할 당시 중앙판공청 비서국이 주관하는 '비서공작' 잡지 기고문에 비서로 근무하려면 '身在兵位, 胸爲帥謀(말단 병사도 장수의 책략을 도모하라)'의 자세를 가질 것을 조언했습니다. 그러면서 비서로 근무하는 최대 강점은 지도자의 사고방식과 업무 스타일을 근거리에서 자연스럽게 학습하고 깨달을 수 있다는 것이며, 이는 평생의 소득이 될 것이라고 적었습니다.

딩쉐샹에 대한 동료들의 평가도 후한데요. 함께 근무했던 사람들은 "성격이 유하고 관료티를 내지 않아 아랫사람들과도 잘 어울렸다"고 평가했습니다.

어라, 중국이 읽어지네

## 서열7위 = '시진핑 충성파' 리시 / 당중앙기율검사위 서기로

20기 신임 상무위원으로 공산당 서열 7위, 당기율검사위 서기로 발탁된 리시 광둥성 서기는 시진핑 주석과 함께 근무한 경험은 없지만, 시진핑의 충성파로 분류되는 대표적인 인물입니다. 지난 5월 광둥성 당대회 때 리시는 보고에서 시진핑 주석을 적극 띄우며 "광둥성의 성과는 시진핑 일존(一尊)의 권위와 산과 바다처럼 높고 넓은 보살핌과 사랑 덕분이다"라고 언급하기도 했는데요.

특히 그는 시진핑 주석의 고향인 산시성을 비롯해 간쑤성 등 서북 지역 출신 관료인 시베이쥔(西北軍)으로 분류됩니다. 산시를 비롯한 서북 지역은 워낙 척박해 빈곤 인구가 밀집돼 있는데요. '빈곤과의 전쟁'을 제창하는 시 주석이 빈곤 지역에서 경험을 쌓은 시베이쥔을 중용하는 배경입니다.

리시는 시진핑 주석의 집안과 인연도 깊은데요. 그가 태어난 간쑤성 량당은 시진핑 주석의 부친인 시중쉰이 혁명활동을 시작한 곳입니다. 또 리시는 시중쉰과 절친이었던 리쯔치 전 간쑤성 서기의 비서로 근무한 경험도 있습니다. 리시는 2014년 상하이시 부서기로 재직할 시절에는 간쑤성 량당에서 열린 시중쉰 탄생 100주년 행사에 직접 참석하는 등 시중쉰을 향한 존경심을 보여 왔습니다.

게다가 과거에 5년 가까이 당서기로 일했던 산시성 옌안시는 시진핑 주석이 과거 하방생활을 했던 곳인데요. 리시는 옌안시 서기로 재직할 때 시진핑 주석이 머물렀던 량자허촌을 관광지로 조성하는 등의 업적도 세웠습니다. 이후 그는 상하이시 조직부장, 상하이시 부서기, 랴오닝성 성장 및 서기, 광둥성 서기로 승진가도를 달렸습니다.

특히 광둥성은 중국 정계에서 '승진 등용문'으로 불리는 경제적으로 아주 중요한 곳인데요. 장더장 전 전국인민대표대회 상무위원장, 왕양 전국정치협상회의 주석 등이 모두 광둥성 서기를 거쳐 정치국 상무위원에 입성했습니다.

광둥성에서 부동산재벌 헝다그룹 위기나 무분별 벌목 사태 등이 발생했을 때 광저우 당서기와 시장이 모두 해임되는 등 시끄러웠지만 리시는 굳건히 자리를 보전했습니다.

**시진핑 집권 3기 정치,**
**외교, 군사, 경제, 사회 방면을 맡게 될 정치국원**

상무위원 7명을 뺀 나머지 정치국원 17명 대부분이 향후 국무원 부총리, 4대 직할시인 베이징, 상하이, 톈진, 충칭시 당서기 혹은 주요 성(省) 당서기나 중앙군사위 부주석을 맡아 시진핑 집권 3기 정치, 외교, 군사, 경제, 사회 방면에서 중책을 담당하게 되는데요.

어라, 중국이 읽어지네

새로 정치국원에 입성한 인물 대부분은 시진핑 사람들, 즉 시자쥔인데요. 특히 젊은 기술관료가 약진했습니다. 중국 과학기술의 자립자강을 중시하는 시진핑 주석의 의중이 반영된 결과로 보여지는데요.

마싱루이(63) 신장자치구 서기, 위안자쥔(60) 저장성 서기, 천지닝(58) 베이징시장, 리간제(58) 산둥성 서기, 류궈중(60) 산시성 서기, 인리(60) 푸젠성 서기, 장궈칭(58) 랴오닝성 서기가 대표적인 인물입니다.

특히 첨단 우주항공, 군수 산업 계통에 몸담으며 경력을 쌓은 '군수방(軍工系)'이 눈에 띄는데요. 마싱루이와 위안자쥔 모두 중국 우주항공 기술 개발 중심지인 중국 항천과기그룹에서 최고위직을 역임한 인물입니다.

마싱루이는 중국항천과기집단 총경리, 국가항천국 국장을 지내며 중국 유인우주선인 선저우 프로젝트를 진두지휘했습니다. 위안자쥔도 중국항청과기집단에서 유인우주선공정계통 총지휘, 달탐사공정 부총지휘 등을 맡으며 부총경리직까지 올랐습니다.


## 한발 더 약진한 '칭화방'과 '군수방'

시진핑 주석이 졸업한 칭화대 동문인 '칭화방' 세력도 중용됐는데요. 천지닝과 리간제가 대표적입니다. 천지닝은 중국 환경 영역에서 권위 있는 전문가인데요. 칭화대에서 학사, 석사 학위를 받고 영국에서 박사 과정을 마친 후 모교로 돌아온 그는 환경과학공정과 교수에 이어 총장까지 역임했습니다. 특히 2015년 중국 '스모그 해결사'로 환경부장에 발탁된 데 이어 2017년부터 베이징시장으로 재임했고 이번에 상하이 당서기를 맡게 됐습니다.

리간제는 칭화대 핵 원자로 공정 학사, 석사 출신으로 오랜 시간 원자력 안전과 환경 계통에 몸담은 원자력 전문가입니다. 2006년부터 10년 넘게 환경보호부 부부장과 국가핵안보국 국장을 역임한 그는 2020년 산둥성 성장에 발탁된데 이어 2021년 산둥성 서기로 승진했습니다.

이 밖에 장궈칭도 칭화대 계량경제학 박사 출신인 기술 관료로 방위산업체인 중국베이팡공업공사와 중국병기공업그룹에서 오래 근무한 경험이 있어 '군수방'으로 분류됩니다.


**당간부 양성기관 중앙당교 인맥도 '눈길'**


시진핑 주석이 2007~2012년 교장을 지냈던 중앙당교 출신들도 중용됐는데요. 중앙당교는 공산당원 9000만 명 인사와 사상에 영향력을 미치는 중국 공산당 엘리트 간부 양성기관입니다. 중앙당교에서 시진핑 주석과 손발을 맞춰 일했던 리수레이 중앙선전부 상무부부장과 스타이펑 중국 사회과학원 원장이 대표적인데요

특히 리수레이는 차기 중국 공산당 선전 홍보를 담당할 중앙선전부 부장으로 승진할 것으로 보았습니다. 그는 중국 문화대혁명 종료 후 대입 시험이 부활한 1978년 당시 14세 나이로 베이징대에 입학한 중국 최고 신동(神童) 출신인데요. 베이징대 중문과에서 석박사 학위를 취득한 후 줄곧 중앙당교에서 근무했습니다. 특히 리수레이는 시진핑 주석이 교장으로 재임할 시절 그의 연설문 작성을 도맡은 것으로 알려져 있습니다. 중국 최대 싱크탱크인 중국사회과학원 수장인 스타이펑도 시진핑 주석이 중앙당교 교장으로 재임할 당시 부교장을 맡으며 인연을 맺었습니다.

**변하는 중국 외교, 경제정책 실무사령탑**
**왕이, 류젠차오, 치위, 류하이싱 등 외교 방문 중책 맡을 것으로**

시진핑 집권 3기가 시작되면서 외교, 경제라인도 대대적인 물갈이가 예고됐는데요. 대외적으로는 미중 갈등, 우크라이나 사태, 글로벌 공급망 균열, 대내적으로도 중국 경기 침체, 부채 위기, 경제 구조개혁 등 경제, 외교 현안이 산적해 있는데요.

중국 외교 사령탑인 양제츠 외교 담당 정치국원 겸 중앙외사판공실

주임은 20차 당대회를 계기로 사실상 은퇴를 확정지었습니다. 왕이 국무위원 겸 외교부장이 중앙정치국원에 입성하면서 양제츠 뒤를 이어 차기 중국 외교를 진두지휘할 것으로 예상했는데요.

왕이 외교부장 후임으로는 20차 당대회에서 중앙위원에 오른 '미국통' 친강 주미 대사가 당시 물망에 올랐습니다. 중국의 공격적인 외교를 뜻하는 '전랑(戰狼·늑대전사)외교'의 상징인 친 대사가 외교부장에 오르면 향후 중국의 강경한 외교 노선을 이어 갈 것으로 예상했는데요.

친강은 중국 국제관계학원 국제정치학과 출신으로 1992년부터 현재까지 30년간 외교부에서만 근무한 '외교통'입니다. 대변인, 주영대사관 공사, 부장조리(차관보급), 부부장(차관)을 거쳐 2021년부터 주미 대사로 재임 중입니다. 과거 월스트리트저널(WSJ)은 "시진핑 주석이 신뢰하는 외교 참모"라고 소개하기도 했습니다. 또한 20기 중앙위원에 이름을 올린 류젠차오 중앙대외연락부장, 치위 외교부 당서기, 류하이싱 중앙국가안전위원회 판공실 부주임 등이 차기 외교 방면에서 중책을 맡을 것으로 보았습니다. 친강은 2023년 여름 국내외 뉴스에 여러 번 등장하며 결국 외교부장에서 물러나게 됐습니다.

## '경제통' 허리펑, 인융 급부상

리커창 총리, 한정 상무부총리를 비롯해 '시진핑의 경제책사' 류허 부총리, 이강 인민은행 총재, 류쿤 재정부장 등도 은퇴를 예고하며 시진핑 집권 3기 경제 실무사령탑도 대폭 교체될 것으로 보았습니다.

당시 차기 총리와 상무부총리를 예약한 리창, 딩쉐샹과 함께 발을 맞출 부총리 후보로는 허리펑 국가발전개혁위원회(발개위) 주임이 유력한 것으로 보았는데요. 샤먼대 경제학 박사 출신으로 17년 동안 푸젠성에서 시진핑과 함께 근무한 경험이 있는 '시자쥔'으로 분류됩니다.

특히 푸젠성 경제에서 70%를 차지하는 3대 경제도시인 취안저우, 푸저우, 샤먼에서 모두 수장을 지낸 것은 물론 톈진시 빈하이신구 경제개발 관리를 책임지는 등 현장에서 풍부한 경험을 쌓았습니다. 2014년부터 발개위로 자리를 옮겨 시진핑 주석의 주요 정책인 일대일로와 징진지 발전 사업에도 적극 참여했는데요.

차기 인민은행 총재 후보로는 인융 베이징시 시장과 이후이만 증권감독관리위원회 주석이 거론되었습니다. 과거 인민은행 부행장을 역임한 인융은 중국 명문 칭화대에서 기업관리 학사와 시스템공학 박사, 미국 하버드대에서 공공관리 석사 학위를 받은 경제통인데요. 천지닝의 뒤를 이을 베이징 시장을 맡게 됐습니다.

이후이만 증감회 주석도 베이징대 경영대학원 석사, 난징대학교 경영학 박사 출신으로 세계 최대 은행인 공상은행에 40년 가까이 몸담으며 회장까지 오른 금융통입니다.

## 지방관료 후속 인사, '시진핑 사단' 전진배치

시진핑 집권 3기를 준비하며 중앙, 지방관료 후속 인사도 이어졌는데요. '시진핑 사단'의 전진 배치가 눈에 띄는 대목입니다.

'중국 공산당 칼자루'라 불리는 중앙정법위 서기에는 정법위 위원이자 '시진핑 사단'인 천원칭(62) 중국 국가안전부 부장이 발탁됐습니다. 천원칭 서기는 시진핑 주석과 직접 손발을 맞춰 일한 경력은 없지만 '시진핑의 정치 고향'이라 불리는 푸젠성에서 오래 근무한 이력이 있어서 시진핑 주석의 '푸젠성 인맥'으로 분류되는 인물입니다.

쓰촨성 출신인 천원칭은 오랜 기간 정법 계통에 몸담았는데요. 시난정법학원 졸업 후 쓰촨성 말단 경찰직부터 시작해 국가안전청장, 검찰원장 자리까지 올랐습니다. 이후 2006년 푸젠성으로 자리를 옮겨 푸젠성 기율검사위 서기, 푸젠성 부서기를 역임한 후 2012년 당 중앙기율위 부서기로 승진했습니다. 2015년부터 국가안전부장으

어라, 중국이 읽어지네

로 재임하며 중앙국가안전위원회 판공실 상무부주임 등을 역임했는데요. 이번 중국 공산당 20기 중앙위원회 1차 전체회의(1중전회)에서 중앙정치국원(24명)에 입성해 정법위 서기로 중앙서기처 서기(7명)에 합류했습니다.

공안, 사법을 관할하는 정법위는 '칼자루'로 불리는 중국 체제 안정의 핵심기관인데요. 정법위 위원에는 중국 최고법원장, 최고검찰원장, 공안부장, 사법부장, 중앙군사위 산하 무장경찰부대 사령원 등이 포진해 있습니다.

정법위 서기는 중앙서기처 서기도 겸임하는데 이번에 천원칭 정법위 서기 말고도 경찰 출신으로 '시진핑의 옛부하'인 왕샤오훙 공안부장 겸 정법위 부서기도 중앙서기처 서기(7명) 명단에 이름을 올렸습니다.

중앙서기처는 상무위원을 포함한 중앙정치국의 일상 업무를 관장하는 사무처이자 중앙위원회 최고 집행기관인데요. 공산당 총서기는 중앙서기처를 통해 당정을 총괄합니다. 사실 후진타오 집권 때만 해도 정법위 서기는 정치국 상무위원(9명) 중에서 발탁됐으나, 시진핑 집권 이후인 2012년 말부터 상무위원 수가 7명으로 줄면서 정법위 서기는 정치국원급으로 격하됐습니다.

## '시진핑의 입' 황쿤밍 광둥성 1인자로

당시 중국 공산당 '입'으로 불리는 중앙선전부장 황쿤밍(65)이 광둥성 서기로 자리를 옮겼습니다. 리시 광둥성 서기가 정치국 상무위원에 입성해 당기율위 서기로 승진한 데 따른 후속 인사인데요. 황쿤밍은 푸젠, 저장성에서 오랫동안 공직 생활을 한 시진핑 주석과도 손발을 맞춰 함께 근무한 경험이 있어 시진핑의 옛 부하인 '시자쥔' 세력으로 분류됩니다.

과거 인민해방군 복무 이후 1980~1990년대 고향 푸젠성에서 공직 생활을 시작한 황쿤밍은 1999년부터는 저장성으로 자리를 옮겨 후저우 시장, 자싱시 서기, 저장성 선전부장, 항저우시 서기 자리까지 맡았습니다. 2013년 10월 베이징에 입성해 중앙선전부 부부장으로 발탁된 이후에는 2014년 12월 상무부부장, 2017년 부장 자리까지 꿰차며 공산당 이데올로기 선전 강화에 박차를 가하며 업적을 쌓았습니다.

제5부

# '순삭' 전환된 위드코로나 IN 차이나

# "제로코로나 탈출할 수 있을까요?"

2022년 11월 중국 허베이성 스자좡. 중국 국무원이 최적화 방역을 위한 20가지 조치를 발표한 이틀 후부터 사실상 봉쇄 해제 수순에 돌입하며 '제로코로나' 탈출을 모색한 첫 번째 도시인데요. 방역 최적화 20개 조치는 코로나19 봉쇄 범위를 좁히고 PCR 전수 검사를 지양하고, 격리를 최소화하는 등 과학적이고 정밀한 통제로 효율성을 높이고 민생을 보장해야 한다는 내용이 담겨 있습니다.

이에 따라 스자좡은 일일 코로나 확진자 수가 500명이 넘는 상황에서도 길거리 PCR 검사소를 없애 주민들의 무료 PCR 검사를 중단했습니다. 또 코로나 감염 위험군을 대상으로만 선별적으로 PCR 검사를 시행했는데요. 코로나19 음성 증명이나 건강마(코로나19 건강

상태 확인 QR코드) 스캔 없이도 공공장소나 아파트 단지 출입이 가능하고 학교 대면 수업과 회사 출근도 허용했습니다.

각종 SNS에는 '스자좡이 제로코로나 탈출 1호 시범도시다', '전면 봉쇄 해제의 신호탄'이라는 내용이 올라왔는데요. 하지만 3년간 봉쇄에 익숙했던 일부 주민들은 정작 방역 완화를 환영하기보다는 불안에 떨었습니다. 시내 쇼핑몰은 문을 열었지만 손님이 없었고, 도로에는 다니는 차들이 적었습니다. 학교 교실에는 결석생이 많았는데요. 코로나 감염을 우려한 학부모들이 복통 등을 이유로 자녀들을 학교에 보내지 않았다고 합니다.

대신 돈을 내고서라도 PCR 검사를 받으려는 사람들이 몰리며 시내 병원 앞엔 긴 줄이 늘어섰고, 약국은 코로나 치료에 도움이 된다는 치료제를 사려는 사람들로 문전성시를 이뤘습니다. 결국 스자좡의 '해방' 시도는 일주일 만에 좌절되고 '과거'로 회귀했는데요. 스자좡에는 그 후 닷새간 봉쇄 방침이 내려졌고, PCR 검사소가 다시 문을 열고, 전수검사를 시행하는 등 다시 방역 고삐를 바짝 조였습니다.

스자좡은 중국에서 제로코로나 탈출로 진통을 겪은 도시 중 하나인데요. 스자좡과 같은 상황이 전국 곳곳에서 벌어졌을 것으로 보고 있습니다. 사실 중국인들은 지난 3년간 당국의 제로코로나 통제와 선전에 익숙해졌는데요. 도시 봉쇄와 PCR 검사라면 지긋지긋할 정도로 많이 했고, 경제도 어려운 상황에 도달했지만 막상 방역을 완화한다고 하니 불안한 것입니다. 방역 규제가 완화되면 자유롭게 이동할 수 있지만, 확진자가 급증해 혹시라도 감염될까 봐 외출을 자제하겠다는 사람들도 있습니다. 코로나에 감염되면 격리시설로 끌려 가고, 일자리를 잃을 수도 있고, 이웃들로부터 낙인 찍히고, 게다가 코로나 감염 후유증도 무섭게 느껴지는데요.

지방정부도 마찬가지입니다. 그동안 확진자가 한 자릿수로 나오기만 해도 도시를 봉쇄하는 통제방식만 고수했는데요. 아무리 중앙정부에서 과학적이고 정밀한 방역을 외쳐도, 그걸 어떻게 하는 것인지 구체적인 방법도 모르고, 행정인력, 물자도 부족해 보입니다. 수도 베이징도 예외는 아닐 텐데요.

중국 정부는 통제 관리는 전문가이지만 제로코로나 탈출 정책에 대한 경험이 적다는 게 문제라는데요. 지방정부들이 방역을 어설프게 완화하려다가 확진자가 폭증하며 문책을 당할까 봐 다시 예전의 봉쇄 방식으로 되돌아가는 상황이 나올 수도 있다는 우려의 목소리도 나왔습니다.

일부 전문가들도 다수의 지방정부 관리자들이 구체적으로 어떻게 해야 하는지 몰라 방법을 찾아가는 상황일 것이라며 현재로서는 두 가지를 반드시 막아야 한다고 강조했는데요. 하나는 확진자 급증으로 놀란 지방정부가 다시 도시를 봉쇄하는 것, 그리고 또 하나는 반대로 코로나가 통제 불가능한 상황까지 확산되어 국가 전체의 방역

사진:중국 웨이하이 김예은

중국의 방역(출처: 아주경제)

이 붕괴되는 것입니다.

당시 지방정부로서는 코로나 확진자가 급증하더라도 국무원의 방역 최적화 20개 조치에 따라 대응해야 하고, 방역 완화에 대한 사회적 불안감을 해소하기 위해 노력해야 할 시기였는데요.

방역 완화를 놓고 각지에서 혼선을 빚는 것을 의식한 듯, 중앙 정부는 방역 최적화 20개 조치에 따른 후속 문건을 마련해 PCR 검사, 위험지역 관리, 자가격리, 자가 건강 모니터링을 구체적으로 어떻게 수행해야 하는지 구체적인 지침도 마련하고 있었습니다.

또 잇따라 전국 화상 회의를 열거나 각 지방에 지도 인력을 파견해 20가지 최적화 조치 이행을 점검하고 주민들의 반응도 살폈는데요.

정밀하고 과학적인 방역 지침 수행을 위해 각 지방정부 관료를 대상으로 교육도 시행하고 있습니다.

사실 중국뿐만 아니라 전 세계 각국도 앞서 위드코로나로 전환하는 과정에서 많은 혼선을 빚었는데요. 우리나라도 거리 두기 해제, 재택치료, 방역패스, 실내 노마스크 등 위드코로나 과정에서 정책이 갈팡질팡하며 확진자 수는 물론 위중증, 사망자 수가 폭증하는 등 최악의 상황에 맞닥뜨린 경험이 있습니다. 중국이 당시 방역 완화 과정에서 겪는 진통을 이겨 내고 부디 제로코로나에서 탈출해 정상적인 사회, 경제활동이 가능해지길 모두가 바랐던 시기였습니다.

## "자유를 달라", 백지시위

2022년 11월 27일 밤 중국 수도 베이징 차오양구의 대사관 밀집지역인 량마차오 거리 인근에 몰려든 시민들은 백지를 높이 치켜들고 "핵산 검사 대신 자유를 달라"라는 등의 구호를 외치며 중국의 제로코로나 정책에 반대하는 거리 시위를 벌였습니다.

자정이 넘은 시각까지 경찰은 시위대를 에워싸고 대치했으며 이따금씩 도로를 지나가는 자동차는 경적을 울려 시위대에 응원을 보냈습니다. 이 영상은 트위터, 유튜브 등 SNS를 통해 퍼지며 전 세계인들의 응원을 받았는데요. 외신들은 중국 '제로코로나' 정책에 대한

민심의 불만이 터져 나오며 '백지혁명'이 일고 있다고 보도했습니다.

## 백지… 흰색 방역복 입은 방역요원 풍자

백지는 중국의 코로나19 방역정책에 항의하는 상징물로 떠올랐는
데요. 백지는 '다바이(大白)'라 불리는 흰색 방역복을 입은 방역요원
을 풍자함과 동시에 제로코로나 방역에 희생된 주민을 애도하고 중
국의 강력한 검열에 맞서 아무 글자도 그림도 없는 백지로 대응하
겠다는 의미를 담은 것이라고 다수의 외신은 전했습니다.

온라인 커뮤니티에는 누리꾼들의 '백지혁명' 동참을 요구하며 SNS
프로필 사진 배경을 흰색으로 바꾸기, '백지혁명' 문구를 SNS에 올
리기, 공공장소에 '백지' 붙이기 등과 같은 구체적인 행동 지침도 올
라왔습니다.

백지혁명은 신장위구르자치구 우루무치의 한 아파트에서 발생한
화재 참사가 촉발점이 됐는데요. 당시 화재로 최소 10명이 사망했
는데, 그 원인이 아파트 봉쇄용 설치물이 신속한 화재 진압에 걸림
돌이었다는 보도가 나왔습니다. 가뜩이나 제로코로나 방역에 대한
인내심이 한계에 달한 서민들의 불만이 결국 폭발한 것인데요

2022년 11월 25일 금요일 밤부터 주말까지 상하이, 베이징, 우한,
난징, 청두, 다리 등 전국 약 10개 도시에서 시민들이 우루무치 희생

어라, 중국이 읽어지네

자를 애도하는 거리 시위를 벌였습니다. 특히 11월 26일 상하이 시내 '우루무치 중루' 도로에 시민 수천 명이 몰려나와 우루무치 참사를 애도하고 중국 방역 정책에 항의했다고 합니다.

시진핑 주석의 모교인 칭화대를 비롯해 베이징대, 푸단대 등 전국 각지 100여 개 대학 캠퍼스에서도 학생들은 다양한 방식으로 정부의 제로코로나 방역 정책에 대한 분노를 표출했는데요. 일반 시민들도 아파트 단지를 봉쇄하려는 경찰에 공개적으로 항의하는 등 공권력에 대항하는 사태가 빈번하게 발생하고 있습니다. 아파트 단지 내 확진자의 시설격리 이송을 거부하고 자택격리를 시키자는 내용을 담은 청원서에 서명하는 운동도 있었습니다.

### 월드컵 보며 '제로코로나' 회의감

중국 시민들은 지난 3년간 제로코로나에 동참하며 핵산 검사를 일상으로 삼아 살아가고 있었습니다. 게다가 핵산 검사를 받기 위해서 1시간 이상 줄을 서서 기다리는 것은 물론, 아파트와 오피스 빌딩이 수시로 봉쇄되어 사실상 정상적인 일상생활이 불가능하고 일부는 생계마저 막막해진 상황이었는데요

중국 지도부가 나서서 과학적인 정밀 방역을 외치며 방역 완화를 시도하고 있지만 일선 방역 현장에서는 코로나 확진자 급증세에 여

전히 봉쇄 중심의 강도 높은 방역을 강행하면서 경제에 충격이 가해지기도 했습니다.

특히 카타르 월드컵 중계를 통해 마스크를 벗고 환호하는 전 세계인의 모습을 보면서 중국인들이 느끼는 상대적 박탈감은 컸다고 합니다. 중국 공산당이 3년간 시진핑 주석의 치적으로 선전해 온 제로코로나 정책에 대한 회의가 일기 시작한 것인데요.

제로코로나 정책으로도 전파력이 강한 오미크론 확진자 급증세를 막을 수 없다는 데에도 공감대가 형성됐습니다. 중국 본토 유·무증상자가 크게 늘어나고 있고, 신규 지역사회 감염자가 보고되는 등 확진자 수는 연일 최고치를 경신하고 있었습니다.

과거 중국 방역정책에 대한 항의가 일부 지식인이나 반체제 인사 중심으로 부분적으로 이뤄졌다면 이제 일반 중국인들도 단결해서 정부의 방역정책에 반대 목소리를 내고 있다는 게 예전과 다른 점인데요.

아무리 중국 지도부가 제로코로나를 외치며 과학적이고 정밀한 방역을 강조해도 정작 현장에서 적용이 안 된다면 큰 의미가 없게 됩니다. 게다가 중국은 백신 접종률, 특히 노년층 접종률이 비교적 낮고 효력이 입증된 외국산 백신을 거부하고 자국산 백신만 고집해 온 것으로 알려졌습니다.

중국보다 백신 접종률이 높은 국가도 위드코로나로 전환할 때 사망

어라, 중국이 읽어지네

자, 중증환자가 급증하는 등 진통을 겪었는데요. 중국이 제로코로나를 완화하면 더 심각한 상황에 직면할 수 있다는 관측도 나옵니다. 자국 사망자가 서방국보다 훨씬 적다는 점을 내세워 제로코로나 정책 우월성을 선전해 온 중국으로서는 체면이 구겨지게 되겠지요.

**백지시위 후 빨라진 발걸음**

2022년 11월. 중국의 '반(反)제로코로나' 시위를 계기로 중국이 잇달아 방역 완화 조치를 발표하며 '제로코로나' 탈출을 모색하는 모습으로 바뀌었는데요. 중국 내에서는 이를 계기로 경제활동 재개를 촉구하는 목소리가 높아지는 한편, 일부 보수 세력층에서는 '위드코로나'에 따른 후폭풍을 우려하며 반대 여론몰이에 나서기도 하였습니다.

## 핵산 검사 의무, 시설격리 등 완화

그동안 '방역 요새'라 불렸던 수도 베이징도 2022년 12월 코로나 방역 완화 조치를 속속 내놓았는데요. 앞서 반제로코로나 시위에서도 가장 많이 언급됐던 핵산 검사 의무를 완화한 게 대표적입니다. 중국의 '핵산 검사 상시화' 정책 아래 그동안 주민들은 1~3일에 한 번씩 핵산 검사를 의무적으로 받아 음성 결과가 나와야지만 공공장소 출입이나 대중교통 이용이 가능했습니다.

이제 베이징 시내 다수의 쇼핑몰이나 마트는 음성결과 없이도 '젠캉바이오(코로나19 건강앱)'에 녹색(정상) 코드만 있으면 출입을 허용했습니다. 해열제, 기침완화제, 항바이러스제, 인후통 치료제 등의 약품을 구입할 때 시행했던 실명제도 없애 자유롭게 구매가 가능하도록 했습니다. 중국은 코로나 발발 이후 코로나 치료에 효과가 있는 이 약물 판매를 엄격히 규제했습니다.

## 경제활동 자유화 외치는 경제전문가들

2022년 12월. 중국 경제 전문가들도 방역 완화를 계기로 경제활동 재개를 촉구하는 목소리를 키웠습니다. 전문가들은 경제활동 자유화가 당분간 중국 국가 정책의 최우선 순위가 돼야 한다고 말하는데요. 경제성장은 미국 등 외부의 압력을 견디고, 국내 경제 구조조정을 추진하고, 민생을 개선하고, 리스크를 예방하는 데 도움이 되는 등 모든 문제를 해결할 수 있는 기본이라고 전했습니다. 그러면서 중국이 2023년 GDP 성장률 목표치를 5% 이상으로 잡아서 각계 각층에 발전과 경제활동 재개를 최우선 임무로 삼아야 한다는 신호를 보내야 한다고 강조했는데요.

**중국 보수파 세력의 반대 목소리도**

방역 정책이 완화되며 위드코로나 분위기로 전환되는 상황에서도 반대의 목소리는 여전히 있었습니다. 중국 보수파 세력은 중국의 방역 완화가 '서방, 자본가들의 음모'라고 주장했습니다. 중국 사회에 방역 완화에 대한 낙관적 전망이 과하다며 방역을 풀었다가 코로나가 홍수처럼 덮칠 수 있다고 경고도 했는데요. 특히 겨울철에는 오미크론 전파 속도가 빠르고 1월 춘제(중국 설) 연휴도 있어서 대규모 인구 이동이 불가피하기 때문에 방역 완화가 사회 혼란을 초래해 의료시설이 붕괴될 수 있다고 지적했습니다.

# 노인 백신 접종률 '안간힘'

위드코로나 후폭풍을 우려한 중국 당국도 방역 완화를 향한 대중들의 과도한 기대심리를 낮추고 '속도조절'에 나서기도 했는데요. 중국 온라인 커뮤니티에 올라온 핵산 검사를 전면 중단한다는 내용에 대해 베이징시 당국은 사실이 아니라고 반박하기도 했습니다. 중국은 제로코로나에서 위드코로나로 전환하기 위해 치사율을 낮추는 것을 최우선 과제로 삼고 고령층의 백신 접종률을 높이는 데 초점을 맞추었습니다.

당시 중국은 2023년 초까지 80세 이상 고령층에 대한 1차 백신 접종률을 90% 이상 높이고 60~79세 노인의 1, 2차 및 3차 부스터샷 접종률을 95%까지 높인다는 목표를 세웠는데요. 2022년 11월 말까지 중국 60세 이상 노인의 부스터샷 접종률은 69%, 특히 80세 이상 노인의 부스터샷 접종률은 40%에 불과한 것으로 나타났습니다.

중국이 위드코로나로 서서히 정책을 전환하는 가운데 혼선도 빚어지기도 했는데요. 베이징시가 핵산 검사 의무를 완화하면서 길거리 무료 핵산 검사소를 철폐하고 있지만, 여전히 직장, 학교 등 주요 공공장소는 48시간 음성 결과를 요구하는 곳이 있고, 일부 개방된 핵산 검사소로 인파가 몰리면서 추운 겨울 밖에서 1시간 이상씩 줄 서서 핵산 검사를 받는 상황도 있었습니다.


## 2022년 12월 8일 중국은 지금…

중국 제로코로나 탈출 '불안 반 기대 반'


어라, 중국이 읽어지네

감염 불안감에 식당 아직은 '썰렁'

외식업계 "연말, 춘제 대목 기대"

관광업 '들썩'… 싼야행 항공권 '불티'

약국마다 '긴줄'… 감기약, 해열제 '싹쓸이'


중국 수도 베이징시가 식당 내 취식을 허용한 지 이틀째가 된 12월 7일 저녁, 베이징 차오양구 왕징의 한 유명체인 휘궈(샤브샤브) 식당에는 아직 손님이 많지 않았습니다. 식당 매니저는 "감염자가 폭증세라 여전히 배달 위주로 영업을 하고 있다"며 "정상으로 회복되기까지 1년은 더 걸릴 것 같다"고 말했는데요. 중국이 최근 3년 동안 이어진 '제로코로나' 방역 규제를 대폭 완화하며 일상 회복에 대한 기대감이 커졌지만 동시에 확진자 폭증에 따른 감염 불안감이 공존하는 모습입니다.

## 외식업계, 소비 대목 기대

중국은 공공장소, 대중교통, 상업시설 이용이나 지역 간 이동할 때 요구했던 핵산 검사, 건강코드 제시를 기본적으로 없애고 무증상, 경중확진자에 대해 재택 치료를 허용하는 내용 등을 담은 10가지 방역 최적화 조치를 추가로 발표했는데요. 지난 3년간 중국인 일상

생활에 족쇄가 됐던 방역 규제가 대체로 풀린 것입니다.

특히 철통 방역을 펼쳤던 베이징시 방역은 '극과 극'으로 전환된 모습입니다. 며칠 전까지만 해도 타지에서 유입된 인원은 철저히 격리하고, 확진자는 격리시설로 이송하고, 주민들은 1~2일에 한 번 줄을 서서 핵산 검사를 받고, 식당 내 취식도 2주 넘게 금지했는데요. 이러한 방역 완화 소식에 외식업계가 분주해졌습니다. 이제 드디어 본격적인 손님맞이 준비를 할 수 있다는 기대감이 생겼고, 비록 시간은 걸리겠지만 소비 대목을 노리며 준비하는 곳들이 많아진 모습이었습니다.

## 항공권 예약 폭주···3년 만에 최고

지역 간 이동 제약이 풀리면서 항공, 숙박 등 관광업계도 들썩였습니다. 2022년 12월 7일 방역 완화 조치 발표 직후 중국 최대 온라인 여행사 플랫폼 트립닷컴에서 항공권 검색량이 갑작스럽게 160% 증가했다는 소식이 들렸습니다. 특히 겨울철 휴양지인 싼야 호텔 예약 건수는 전날보다 갑절로 늘었다는데요. 중국 내 지역 간 이동에 불편함이 사라지면서 코로나 발발 3년 이래 매우 중요한 전환점을 맞을 것이라며 들 뜬 모습이었습니다.

극장가도 서서히 기지개를 켜고 있었습니다. 2022년 12월 초까지

어라, 중국이 읽어지네

중국 전역에 문을 연 영화관은 6000여 곳으로 기록됐는데요. 앞으로 전국 영화관 영업률이 빠르게 올라갈 것으로 전문가들은 예상했습니다.

## 약국마다 '긴 줄'…감기약, 해열제 '싹쓸이'

하지만 갑작스러운 방역 완화 불안감도 공존하고 있는데요. 막상 핵산 검사 의무가 없어져 도처에 확진자가 돌아다닐 수 있다는 공포감에 집 밖에 나가는 것을 꺼리는 사람도 있습니다. 특히 노인과 어린이가 있는 가정은 더 위험하다고 여겼는데요.

불안한 마음에 감기약이나 해열제, 자가진단 키트를 사러 약국을 찾는 중국인들의 발길이 끊이지 않았습니다. 하지만 자가진단 키트와 해열제는 구매가 어려웠고 중국 전통 독감치료제로 알려진 '롄화칭원'은 1인당 1갑 구매 제한령에 따라 판매되었습니다.

중국 관영매체들은 코로나 감염 불안감 불식에 나섰는데요. CCTV는 최근 오미크론 치사율은 현저히 낮다는 보도를 하면서 "감염 후 하루이틀 열이 나면 호전된다. 만약 전신 근육통이 있으면 감기약 해열제 등과 같은 약을 복용하고, 기침을 하기 시작하면 곧 낫는다"는 전문가의 발언을 전하기도 했습니다.

또 다른 중국 전문가는 "코로나에 걸려 열이 나더라도 놀라지 마라,

감기처럼 대하면 된다"고 전했는데요. 중국 관영매체는 "중국은 지난 3년간 전염병에 대한 저항력과 자신감을 키웠다"며 "전염병은 약해지고 우리는 강해진 조정의 시기에 접어들었다"고 강조하였습니다.

## '위드코로나' 거대 내수 시장 꿈틀거린다

중국 정부의 위드코로나 발걸음이 빨라지며 전 세계의 이목이 집중되었습니다. 대부분의 국가들이 위드코로나로 전환하며 국경을 열고 왕래하는 가운데 중국은 여전히 문을 닫고 제로코로나를 고수해왔는데요. 많은 사람들이 2024년에나 중국을 자유롭게 다닐 수 있을 것이라고 생각했지만 2022년 12월부터 빨라진 중국의 위드코로나 발걸음에 전 세계가 주목하고 있었습니다.

중국 정부의 정책 목표도 방역에서 경제에 무게를 두는 모습이 보이며 위드코로나 전환과 함께 7조 달러 규모(약 9000조 원)에 달하는 중국 내수 시장을 바라보는 산업계의 눈빛이 뜨거웠습니다.

중국 정부가 쏟아내는 방역 완화 조치로 인해 중국 경제에도 온기가 돌 것이라는 기대가 높아지고 있었는데요. 기업, 근로자들의 경제 활동을 옭아매던 족쇄가 풀리면서 제로코로나 정책으로 인해 입었던 경제적인 타격은 이제 서서히 해소될 것이란 전망입니다. 한 전문가는 봉쇄를 하게 되면 여행도 못하고, 소비도 못하고, 일도 못하게 되는데 봉쇄로 인한 경제 충격이 바이러스 확산으로 인한 경제 충격보다 더 크다고 분석하기도 했습니다.

2022년 중국 경제는 '제로코로나'의 직격탄을 맞으면서 1분기 4.8%, 2분기 0.4%, 3분기 3.9%의 성장률에 그쳤는데요. 목표로 제시했던 '5.5% 안팎' 성장률과는 거리가 먼 상황입니다. 그래서 중국의 방역 완화 조치는 단순한 방역 정책을 넘어 경기 부양 차원에서도 매우 중요한 의미가 있습니다.

방역 완화 조치 발표 하루 전인 2022년 12월 6일, 시진핑 중국 국가주석 주재로 열린 중공 중앙정치국 회의의 주제는 '경제 성장 안정'이었습니다. 회의에서는 경제의 안정화 추진, 시장 신뢰의 대폭 진작, 중국 수요 확대 주력 등과 같은 내용을 거론한 반면 제로코로나는 더 이상 강조하지 않았습니다. 12월 2일 열린 외부인사 초청좌담회에서도 경제안정, 시장신뢰진작 등 경기 부양 관련 내용이 주를 이뤘습니다.

전반적인 정책의 흐름이 방역에서 경기 부양으로 옮겨가는 분위기인데요. 그중에서도 핵심은 무엇일까요? 바로 소비입니다. 중국 경제를 지탱하는 3대 축이 있는데요. 투자와 수출 그리고 소비입니다. 3대 축 중에 투자와 수출이 좀처럼 활로를 찾지 못하고 있는 상황에서 소비를 통해 경제를 끌어 올려 보겠다는 의도로 보이는데요. 내수는 이른바 '쌍순환'을 내세운 시진핑 정권의 경제 정책의 핵심 요소이기도 합니다.

2023년 중국 경제 정책의 주요 수단에는 2개의 키워드가 있는데요. 바로 신뢰도와 내수라고 볼 수 있습니다. 중앙정치국회의에서 언급된 '시장 신뢰도 대폭 향상'이라는 표현의 대상이 구체적으로 기업과 소비 그리고 외국 자본의 신뢰도 등을 가리키는 것으로 분석하고 있습니다.

당시 중국이 위드코로나 전환과 함께 본격적으로 경기 부양을 시작할 태세를 갖추며 중국 소비 시장 재개방에 대한 기대감이 매우 커지고 있었습니다. 중국 소비 시장은 4억 명 이상의 중산층을 보유하고 있으며 2021년 소비재 소매 판매 규모는 44.1조 위안(약 6.97조 달러)를 기록했습니다. 약 9100조 원에 달하는데요.

한국을 비롯해 다수의 국가들이 위드코로나로 전환하며 여러 가지 시행착오를 겪은 것은 사실입니다. 또 확진자 및 사망자 급증 등 여러 부작용이 우려되고, 미중 패권경쟁 등 정치, 외교적 부담이 있는 것도 사실입니다. 하지만 9000조 원에 달하는 초대형 소비 시장을 그냥 두기는 아쉽고 아까운 부분도 있습니다. 현재 중국은 어떤 외국계 소비재 회사도 무시할 수 없는 거대한 시장이기 때문에 전 세계의 눈빛이 중국 시장을 뜨겁게 주시하고 있었습니다.

# 중국 QR코드 의무 폐지 이어 '통행카드' 중단

중국이 방역 완화에 속도를 내며 '통행카드(通信行程卡 · Travel Card)'까지 중단시켰습니다. 통행카드는 중국 내 지역 및 도시방문 기록을 관리하는 것으로 백화점, 병원, 마트 등 공공장소를 방문할 때 입구에서 통행카드를 보여 주고 문제가 없어서 들어갈 수 있었습니다. 통행카드에는 고위험, 저위험 지역의 방문기록이 나타나기 때문에 제로코로나 정책을 실행하기 위해 중요한 도구였습니다.

중국은 방역 정책을 완화하며 건강QR코드, 통행카드 등 중국의 코로나19 핵심 방역 수단 대부분을 폐지하고 있고 '위드코로나'라는 목표 지점을 향해 빠르게 달려가는 느낌이었습니다.

코로나19 발병 초기인 2020년 3월부터 서비스를 시작한 통행카드는 중국 주요 통신사인 차이나유니콤, 차이나모바일, 차이나텔레콤과 중국정보통신연구원의 합작품으로 통신사 기지국 데이터를 활용해 사용자 핸드폰의 위치를 추적하고 이를 통해 14일 내 4시간 이상 방문한 도시를 표시하는 프로그램입니다.

통행카드는 중국 내 코로나19 확산을 방지하기 위한 핵심 수단 중 하나였습니다. 통행카드는 건강QR코드와 연계돼 코로나19 '고위험 지역' 방문 여부를 식별하고 중국 주민들의 통행과 출입을 제한하는 용도로 사용됐습니다.

통행카드(출처: 아주경제)

통행카드 중단 방침은 2022년 12월 7일 발표된 '최적화된 코로나19 감염증 예방 및 통제 조치에 관한 통지' 10가지 조항에 따른 것인데요. 중국 방역 당국은 '10가지 추가 최적화 조치' 발표와 함께 양로원, 복지관 등 감염병에 취약한 특수장소를 제외하고 핵산 검사 음성 증명과 건강QR코드 확인 제도를 폐지한다고 밝혔습니다.

게다가 빗장을 걸어 잠근 중국의 국경이 개발될 조짐이 보인다는 소식도 들렸습니다. 2022년 12월 현재 중국에 도착한 해외 입국자들은 정부 지정 시설 혹은 호텔에서 5일간 격리를 진행하고 이에 더

어라, 중국이 읽어지네

해 3일간 자택격리를 해야 하는데요. 자택이 없는 출장자 등은 호텔에서 3일을 더 해야 합니다. 중국 내 SNS에는 곧 시설 격리가 없어질 것이란 이야기도 흘러나오고 있었습니다.

그로부터 얼마 후 중국 곳곳에서 대규모 코로나 확진자가 나왔습니다. 제가 머물고 있던 중국 지역에서도 중국인뿐만 아니라 교민들 사이에도 코로나가 무섭게 확산되며 걸리지 않은 사람이 없을 정도였습니다.

다행히 저는 2022년 12월 중순 한국에 나와서 코로나에 걸리지 않았지만 12월 중순부터 약 3주간 중국 전역에 확산되었고, 교민들은 코로나에 걸려 약도 구하지 못하고 그냥 버티며 이겨 낸 사람들이 많았다고 들었습니다.

그렇게 시간이 흘러 중국 설날 전후로 차츰 안정모드로 들어갔고 어느 순간부터는 마스크도 쓰지 않고, 그렇게 복잡했던 건물, 상점 등 출입도 이전처럼 자유롭게 다니게 되었습니다.

가장 좋은 것은 한국에 다녀온 후 중국 격리가 없어졌다는 것입니다. 코로나 기간 한국을 갔다가 중국에 돌아온 사람들은 거의 28일 (집중격리 14일, 자가격리 14일)을 격리하며 보냈는데요. 격리가 없어져서 좀 더 편하게 한국을 다녀올 수 있었습니다. 이렇게 중국은 순식간에 위드코로나 모드로 전환되며 일상을 회복해 가기 시작했습니다.

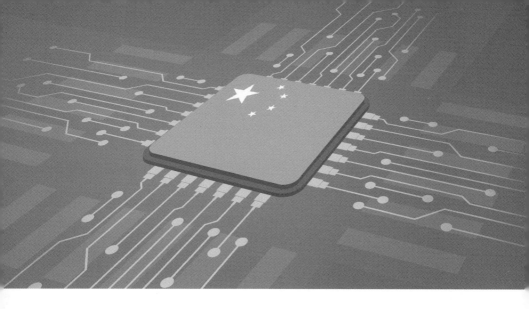

제6부

# 리오프닝과 한한령 해제 'GOGO'

# 한한령 해제 기대감 '솔솔'

한중 수교 30주년을 맞이한 2022년. 곳곳에서 한한령 완화 움직임
이 포착됐습니다. 사드 배치에 대한 반발로 중국이 한한령(限韓令,
한류 제한령)을 발동한 2016년 이후 6년 만에 한국 드라마가 중국
에서 방송되고 있는데요. 관련 업계들은 한한령이 완화될 것이라
기대감을 갖고 준비하는 모습입니다.

실제 며칠 전 중국 친구들과의 저녁 식사자리에서 오랜만에 '정우
성, 이정재, 송강호 등' 국내 배우들의 이름이 들렸습니다. 나누는
이야기를 들어 보니 얼마 전 시청한 한국영화과 그 영화에 출연한
배우들에 대해 이것저것 본인들이 알고 있는 부분을 소개하는 것
같았습니다.

그러면서 제게도 본인이 알고 있는 한국 배우들의 이름을 소개하며 한국 영화가 참 재미있다고 말했습니다. 이렇게 한국 영화와 배우들이 저녁식사 자리에 올라온 것은 사드 이후 참 오랜만이었습니다.

2022년 초부터 중국판 유튜브로 불리는 온라인동영상스트리밍(OTT) 플랫폼 비리비리는 '슬기로운 감빵생활', '인현왕후의 남자' 등을 방영했는데요. 2017년 국내에서 사랑받았던 '슬기로운 감빵생활'은 중국에서 공개된 지 이틀 만에 비리비리 드라마 차트 1위를 차지했습니다. 한국 드라마를 애청하는 중국인들이 참 오래 기다렸던 것 같습니다. 사드 이전만 해도 한국 드라마, 영화에 대해 이야기하는 중국 친구들이 참 많았습니다. 중국판 넷플릭스인 아이치이도 '밥 잘 사주는 예쁜 누나'를 방영하며 중국 스크린에 한국 배우들의 모습이 점점 더 많이 노출되기 시작했습니다.

**한중 정상 회담, 더 높아진 한한령 기대감**

2022년 12월 8일 중국 비리비리는 한국 드라마 '슬기로운 의사생활 시즌1' 예고편을 올리며 독점 방영을 시작했습니다. 중국 내에서 슬기로운 의사생활 시리즈 전편이 정식 방영되는 것인데요. 앞서 2022년 4월에는 '슬기로운 의사생활 시즌2'가 먼저 중국 국가광파전시총국(광전총국)의 심의를 통과해 방영되었습니다.

어라, 중국이 읽어지네

2022년 11월 윤석열 대통령과 시진핑 중국 국가주석 간 정상회담 이후 한한령 해제에 대한 기대감이 더욱 높아졌는데요. 중국 OTT 플랫폼 '텅쉰스핀(騰迅視頻,텐센트 비디오)'에 배우 김민희가 주연한 홍상수 감독의 영화 '강변호텔(2018)'이 장벤뤼관(騰迅視頻)'이란 제목으로 한국 영화로는 약 6년 만에 서비스되기 시작한 데 이어 배우 김혜수 주연의 드라마 '하이에나' 리메이크 판권이 판매되었습니다.

지난 2016년 중국은 한국과 미국의 주한미군 사드 배치 결정에 반발해 한국 영화, 드라마, 게임 등의 중국 시장 진입을 수년간 차단했는데요. 이를 두고 한국에서는 '한한령'이라고 말하고 있습니다. 하지만 중국은 이 같은 조치들이 자국 문화계의 자발적 행동이었다고 주장하며 한한령의 존재를 부정해 왔습니다.

한국 드라마 슬기로운 의사생활 시즌1이 중국 OTT에서 방영되면서 본격 한국 콘텐츠 서비스가 재개될 것이라는 기대감이 커지는 모습인데요. 사실 2021년 말부터 한한령이 조금씩 풀리는 것 아니냐는 기대감이 제기되어 왔습니다. 나문희, 이희준 주연의 2020년 작 '오! 문희'가 2021년 12월 중국 본토에서 개봉됐기 때문인데요. 중국 본토에서 한국 영화가 개봉한 것은 2015년 전지현, 이정재 주연의 '암살' 이후 처음이었습니다. 이후 '사임당 빛의 일기' 등 앞서 언급한 일부 한국 드라마들이 중국에서 방영되기도 했습니다.

# 리오프닝 돌입, 중국 시장 재점령

## 중국 시장 재점령 나선 K 브랜드

중국 정부의 방역 완화 정책이 쏟아져 나오며 국내 기업들이 리오프닝에 돌입한 중국 시장 재점령에 나섰습니다. K 뷰티는 저가에서 고가 브랜드 중심으로 재편됐고, 국내 패션, 식품 기업이 중국에서 막강한 영향력을 발휘하고 있는데요.

2022년 중국은 '제로코로나' 정책을 앞세우며 상하이 등 주요 도시를 봉쇄했습니다. 강도 높은 제로코로나 정책으로 중국 소비시장이 위축되면서 국내 기업들이 중국에 진출해 있는 K 브랜드의 실적도 잠시 주춤하는 듯 보였습니다.

특히 중국 매출 의존도가 높은 국내 화장품 기업들이 직격탄을 맞았습니다. 2022년 상반기 중국 최대 온라인 쇼핑 행사인 '6.18행사'에서 LG생활건강과 아모레퍼시픽 매출이 전년 대비 40~50% 감소하며 광군제 대비 4분의 1수준의 매출을 기록했습니다. 특히 미샤, 이니스프리, 토니모리, 네이처리퍼블릭 등 로드숍 브랜드가 매출에 큰 타격을 입었습니다.

반면 국내 고가 화장품 브랜드는 꾸준한 성장세를 기록하고 있는데요. 중국 소비자들의 소득 수준이 높아지면서 구매할 때 가격보다

어라, 중국이 읽어지네

성분과 기능을 중요하게 생각하는 모습입니다. 이러한 소비 패턴의 변화로 중국 화장품 시장에서는 국내 저가 브랜드 대신 고급 브랜드가 조명받고 있습니다. 중국 화장품 시장에서 중고가 화장품 소비는 시장 점유율이 2015년 22.7%에서 2021년 41.8%로 확대됐습니다.

고가 화장품의 성장으로 코로나19 상황 속에도 중국 수출 실적은 매년 증가하고 있는데요. 식품의약품안전처 조사 결과 우리나라의 화장품 수출국은 2021년 153개국인데요. 그중 중화권 국가(중국, 홍콩, 대만 등)의 비중이 61.3%로 가장 높았습니다. 전체 수출 실적에서 중국 점유율은 2019년 46.9%에서 2020년 50.3%, 2021년 53.2%로 증가했습니다.

국내 화장품 기업의 전망도 맑은 편인데요. 2022년 12월 7일 중국 국무원이 방역 정책을 완화하며 '위드코로나'에 다가서면서 리오프닝에 대한 기대감이 커졌습니다. 아모레퍼시픽과 LG생환건강 등은 럭셔리 브랜드 '설화수'와 '후'를 중심으로 꾸준한 매출을 유지해 오고 있는데요. 중국 시장이 정상화될 경우 눈에 띄는 실적 개선이 이뤄질 것으로 기대하고 있습니다.

일부 K 패션 브랜드의 경우 코로나19 영향에도 성장 가도를 달렸는데요. F&F가 전개하는 MLB는 단일 브랜드로 중국 매출 1조 원을 눈앞에 두고 있습니다. 골드만삭스는 2021년 중국 패션 브랜드 매출 18위였던 MLB가 2026년에는 매출 상위 5위 안에 들 것으로 전망했습니다.

내셔널지오그래픽을 전개하는 더네이처홀딩스도 2019년 하반기 대만과 홍콩 진출에 이어 2022년 11월 중국 티몰에 공식 론칭했는데요. 베스트셀러그룹과 합작해 중국 내 오프라인 매장을 열고 매출 향상에 박차를 가할 것으로 보입니다.

국내 식품기업들도 중국에서 높은 실적을 올리고 있습니다. CJ제일제당은 비비고 브랜드 매출이 상승하며 2022년 3분기 매출이 전년 대비 29% 늘었는데요. 젤리와 스낵 인기로 오리온 중국법인의 2022년 3분기 매출도 전년 대비 5% 증가한 3357억 원을 기록했습니다.

'제로코로나' 정책을 유지하던 중국의 방역 조치 완화에 각종 방역 물품과 의약품 사재기가 기승을 부리고 있는 가운데, 우리나라 제약, 바이오 기업이 수혜를 입을 수 있을지에 대해서도 관심이 모아지는 상황인데요. 당국의 PCR 검사 축소로 자가 검진을 하려는 사람들이 늘어나면서 약국은 물론 온라인에서도 신속항원 검사 키트를 구입하기 어려운 상황이 됐습니다.

## 삼성, LG, SK··· 전기, 화학 분야 실적 기대
## 다시 반등하기 위한 돌파구 모색 필요

전 세계가 주목하고 있는 중국의 방역 완화 움직임에 대해 국내 대기업들도 안도하고 있는 분위기입니다. 국내 대기업그룹인 삼성, SK, LG그룹의 주력 사업인 전기장비와 화학 부문에서 중국 매출이 회복될 것으로 기대하고 있는데요. 주요국의 금리 인상에 따른 글로벌 경기 침체로 수요 부진 우려가 커지는 상황에서 중국 시장에 다시 접근할 수 있다면 수익개선에 도움이 될 것이란 관측이 나오고 있습니다.

중국의 이런 방역 완화 움직임에 대해 국내 유수 대기업그룹이 본격적으로 관련 사업 재정비에 나서고 있는데요. 강도 높은 방역 조치가 단행된 이후 대폭 줄어든 국내 대기업그룹 계열사의 중국 매출이 회복될 수 있다는 기대감이 높아지고 있습니다.

2022년 대중 무역수지는 2022년 10월까지 26억 달러 흑자에 불과한데요. 1~10월 우리 수출에서 중국의 비중은 23.1%로 2008년 21.7% 이후 최저 수준입니다. 우리나라 최대 시장이었던 중국에서 우리 제품이 밀려나는 현실을 보여 주는 증거라는 지적도 있는데요. 하지만 '제로코로나' 정책으로 인한 영향도 적지 않다는 분석입니다.

특히 2020년 기준 중국의 수요로 발생한 국내 제조업 매출 1122억 달러(약 146조 5332억 원) 중에서 전기장비와 화학이 각각 364억 달러(약 47조 5384억 원)와 106억 달러(약 13조 8436억 원)로 가장 규모가 큰 상황입니다. 전기장비와 화학 등은 국내 굴지의 대기업 그룹인 삼성, SK, LG의 주력 산업으로 꼽히는데요. 삼성그룹은 전자 부문(전자, SDI, 전기, 에스디플렉스)에서만 그룹 전체 매출액(금융사 제외) 중 80.6%를 의존하고 있습니다.

SK그룹은 전자(하이닉스) 등이 포함된 ICT와 정유, 화학(이노베이션, 케미컬 등) 부문이 각각 42.6%와 40%를 차지하고 있는데요. LG 그룹도 전자(전자, 디스플레이, 이노텍)와 화학(화학,생활건강) 부문에 각각 60.1%와 29.2%를 의존하는 구조입니다. 2022년 전자, 화학 산업이 수요 위축에 크게 흔들리면서 국내 대기업그룹의 성장성에 우려가 나왔던 이유입니다.

특히 코로나19 발생 이전에는 생산품 절반 이상을 중국에 수출하던 국내 화학사는 2022년 중국의 봉쇄 조치로 수익성에 큰 타격을 입은 것으로 파악되고 있습니다. 화학업계 1위인 LG화학은 2022년 누적 3분기(1~9월) 영업이익 2조 8044억 원을 기록해 2021년 같은 기간 4조 2769억 원 대비 34.43% 줄었습니다. 같은 기간 대형 화학사 SKC의 영업이익도 3031억 원에서 2446억 원으로 19.3% 줄었습니다.

어라, 중국이 읽어지네

강도 높은 봉쇄 조치를 단행해 왔던 중국 이외에도 주요국의 금리 인상으로 경기 위축 가능성이 커지면서 국내 대기업그룹의 주력 산업인 전자, 화학 부문에서 수요 부진 현상이 뚜렷한데요. 이 같은 상황에서 중국의 수요가 회복된다면 침체 국면에 접어들 것이란 우려가 제기됐던 국내 대기업그룹에 큰 돌파구가 될 수 있을 것으로 보입니다.

## 한중 하늘길 활짝 열려라!
## 항공, 면세업계 비상 날갯짓

2023년 1월 중국 유명 관광도시의 기관 관계자에게 연락이 왔습니다. 곧 문을 열고 전 세계 관광객을 받을 예정인데 실력 있는 한국 여행사 파트너를 소개해 달라는 것이었습니다. 한국의 한 대형여행사가 파트너였는데 코로나19로 인해 합작 프로젝트가 중단된 상황이라고 설명했습니다.

항공, 면세업계는 코로나19 마침표가 가장 반가운 곳이 아닐까 생각되는데요. 중국 노선은 코로나19 발생 이전인 2019년 기준으로 전체 노선의 20.4%(약 1850만 명)를 차지한 핵심 노선입니다. 면세업계도 중국 큰손인 '다이궁(보따리상)'의 영향력이 절대적이라 중국 관광객 유입이 본격화되면 오랜 부진을 떨칠 것으로 기대하고 있었습니다.

중국은 2022년 12월부터 대도시를 중심으로 본격적으로 봉쇄 해제 조치를 빠르게 시행하고 있고 강제적인 PCR 검사를 철회하고 있습니다. 2022년 11월까지만 해도 제로코로나 통제가 여전하였지만 12월부터 분위기가 달라졌습니다. 아파트 단지 한쪽을 차지하고 있던 핵산 검사 천막은 어느새 없어졌고, 핵산 검사를 하고 싶은 사람들은 이제 핵산 검사 장소를 검색하며 찾아다니는 모습이었습니다. 항공업계는 이러한 흐름에 빠르게 움직였습니다. 제주항공과 에어

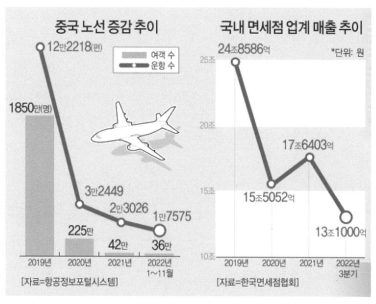

중국 봉쇄 해제 이후 항공업계(출처: 아주경제)

부산, 티웨이항공 등의 LCC(저비용항공사)들은 중국 노선 증편과 재개에 나서는 등 일찌감치 수요 폭발에 대비하고 있었습니다. 대한항공과 아시아나항공 등의 대형항공사들도 상하이, 항저우, 칭다오 등 일부 노선을 재개하고 방역 완화 움직임을 예의 주시하고 있었습니다.

업계 안팎에서는 아직 예단하기 쉽지 않지만 곧 중국 하늘길이 완전 개방될 것으로 보고 있습니다. 중국 노선이 완전 재개되면 LCC들의 수익성이 크게 확대될 전망입니다. LCC들의 중국 노선 관광객 수는 일본보다 월등히 많아 매출에 큰 영향을 미치고 있는데요. 2019년 중국 방한 관광객은 623만 명으로 그해 일본 방한 관광객 321만 명 대비 두 배 가까이 많은 수치입니다. 또한 중국의 방한 관광객 특성상 단체여행객이 많으며 이로 인한 부정기편 운영이 크다는 점도 LCC 수익에 큰 보탬이 되고 있습니다. 물론 부정적인 영향과 부정적인 전망도 있지만 저는 긍정적인 전망을 바라보고 있습니다.

## 6년여 만에 허용된 중국인 한국 단체관광

2023년 8월, 중국 정부가 자국민의 해외 단체여행을 사실상 전면 허용하기로 했는데요. 사드 배치를 계기로 중단된 중국인의 한국 단체관광도 풀리면서 한국 관광업계에 훈풍이 불 것으로 기대감이 높아졌습니다.

중국 전역 여행사 및 온라인 여행사들은 중국민들의 유관 국가에 대한 단체여행 및 '비행기표+호텔(에어텔)' 업무를 재개했는데요. 한국 단체관광이 허용되면서 중국 단체 여행객의 한국 관광이 늘어날 것이란 기대감에 중국 유커들이 많이 찾았던 식당, 면세점 등이 발 빠르게 움직임이 시작됐습니다.

중국이 관광활성화를 통해 내수 부양과 항저우 아시안게임 등 국제적 이벤트를 앞두고 중국에 대한 우호적 환경을 조성하기 위함이라는 분석도 있었는데요. 한 달 여 앞둔 주요 관광 대목 중추절과 국경절 황금연휴도 한 몫을 한 것 같습니다.

특히 중국은 최근 내수 부진으로 디플레이션(경기 침체 속 지속적인 물가 하락) 우려가 나오는 가운데 중국이 관광 활성화를 통한 경제 효과를 기대하고 있습니다.

관광업계는 해외 단체관광 허용으로 아웃바운드(내국인의 해외여행)나 인센티브 여행은 물론 항공, 면세쇼핑 등 방면에서 경제적 파급효과가 작지 않고 여행 소비 심리를 끌어올리는 데도 긍정적인 영향을 줄 것으로 보았습니다.

어라, 중국이 읽어지네

## 두둥. 한중 바닷길 3년 7개월 만에 열렸다

한국과 중국을 오가는 국제여객선이 3년 7개월 만에 여객 운송을 재개했습니다. 드디어 막혔던 바닷길까지 열렸는데요. 한중 국제여 객항로는 15개로, 2019년에는 연간 약 200만 명의 여객이 항로를 이용할 정도로 활발하게 운영됐습니다.

코로나19로 인해 화물만 운송 중이던 한중 국제여객선의 여객 운송 이 재개되는 건 지난 2020년 1월 이후 3년 7개월 만입니다. 중국 정 부의 한국행 단체관광 허용을 계기로 인천항을 통해 한국을 찾는 중국 관광객도 점차 늘어날 것으로 보았습니다.

배를 타고 한국을 오갔던 기억이 납니다. 저녁에 중국 현지에서 배 를 타면 그 다음날 오전 인천항에 도착하는데요. 현지에서 배를 타 고 배 안에서 저녁 먹고 바다 구경도 하며 즐거웠던 추억이 있습 니다.

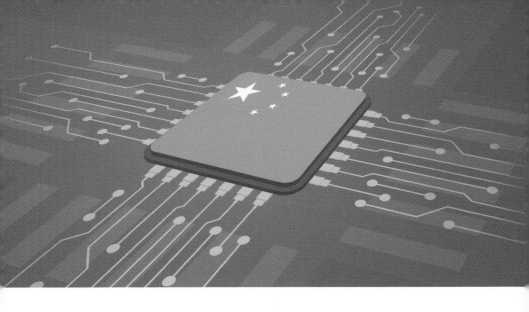

제7부

# 차이나, 저출산 극복 본격 드라이브

중국에서 유학할 때만 해도 중국이라는 나라를 생각할 때 가장 먼저 떠오른 게 산아 제한 정책인데요. 그래서 당시 중국 친구들 중에 형제, 자매가 있다고 하면 뭔가 대단해 보였고, 이들만의 어떤 강력한 카드가 있었을 거라고 생각했습니다.

그런데 요즘은 분위기가 달라졌습니다. 얼마 전 아파트 엘리베이터를 타고 내려가다가 쌍둥이 형제를 보았습니다. 그리고 더 놀란 건 그 쌍둥이 형제 옆에 여동생이 있었다는 것인데요.

중국은 요즘 출산율을 높이기 위해 여러 가지 방법을 시도하고 있는 모습입니다. 저희 부서 기자는 '쩐의 전쟁'을 펼치고 있다는 표현을 썼는데요. 다수 기업이 자녀 출산을 장려하기 위한 지원금을, 은행은 출산 장려 특별 기금을 마련하고 있다는 소식도 들립니다.

이에 관해 최저 수준으로 떨어지고 있는 출산율을 끌어올리는 데

돈 풀기만이 능사가 아니라는 지적이 나오는데요. 돈 풀기는 장기적으로 여성의 고용 문제 등을 심화시킬 수 있다며 법적 제도 마련이 더 시급하다는 목소리가 커지고 있습니다.

## 중국기업들의 출산 지원 정책

2022년 1월 중국의 한 기업은 직원들의 출산율 향상을 위한 사규를 마련하고 발표했는데요. 첫째, 둘째, 셋째 아이를 출산하면 각각 1, 3, 12개월어치에 해당하는 출산휴가를 지급하고, 각각 3만, 6만, 9만 위안의 지원금을 지급한다는 내용입니다. 게다가 남성 직원의 출산 휴가도 9일간 지급된다고 했습니다.

이 중 셋째 아이를 출산할 경우 9만 위안이 지급된다는 내용은 상당히 파격적으로 중국 온라인상에서 순식간에 퍼졌는데요. 9만 위안은 약 1800만 원에 달하는 수준입니다. 이는 2021년 중국 1인당 평균 국내총생산 보다 더 높은 금액입니다.

주목되는 점은 중국기업들 사이에서 출산 장려금 지급 '붐' 현상이 일고 있다는 점인데요. 2021년 7월 푸젠성의 한 펀드 회사는 '세 자녀 인센티브 조치'를 마련하고 "둘째, 셋째 아이를 출산한 직원에게 아이가 3살이 될 때까지 매월 1000위안의 양육 보조금을 지급한다"

며 "여직원이 셋째 아이를 출산할 경우 1회성 인센티브 2만 위안도 지급할 것"이라고 했습니다.

더 앞서 2021년 6월에도 충칭의 한 회사가 세 자녀 출산 장려책을 내놓고 셋째 자녀를 계획하고 있는 직원에게 이틀 간의 휴가를 제공할 예정이며 임신할 때까지 초과 근무를 면제하겠다고 했습니다. 산둥성 칭다오에 있는 한 회사도 셋째 자녀를 출산하는 직원에게 10만 위안의 지원금을 지급하겠다고 발표했는데요.

기업들이 이처럼 출산 장려책을 줄줄이 내놓고 있는 것은 중국 정부의 '세 자녀 출산 허용' 정책과 관련이 깊습니다. 중국 정부는 2021년 세 자녀 출산을 허용하며 사실상 산아 제한을 폐지한 데 이어 양육비 공제 혜택 등 출산 장려 조치를 대거 내놓은 바 있습니다.

## 정부의 '돈 풀기' VS 장기적 대책 마련

기업뿐 아니라 중국 정부의 출산 지원금에 대한 목소리도 높아지고 있는데요. 중국의 저명한 경제학자는 중앙은행인 인민은행이 출산율 향상을 위한 특별 기금을 이른 시일 내에 마련하고, 더 확대된 출산 장려 정책을 도입해야 한다고 주장하고 있습니다. 그는 "적어도 매년 2조 위안 규모의 출산장려 특별 기금이 마련돼야 한다"며 "코로나19와 부동산 경기 위축 등으로 개인과 기업, 지방 정부가 상대적으로 재정 압박을 크게 받고 있기 때문에 중앙은행 또는 재정부가 이 같은 조치를 취해야 맞다"고 주장했습니다.

하지만 반대하는 의견도 있습니다. 출산 지원을 위한 과도한 돈 풀기가 장기적으로 봤을 때는 여성 고용에 부정적인 영향을 미칠 수 있다는 이유인데요. 저출산은 국가의 지속적인 현대화, 여성의 교육 수준 및 노동 참여율 향상 등에 따라 출산의 개념 자체가 변화하면서 생긴 세계 공통의 문제이고 경제적인 문제가 아니기 때문에 국가가 돈을 푸는 방법으로 근본적인 해결을 할 수 없다는 의견도 있습니다.

## 중국 출산 장려 박차…지원책 '우르르'

중국 정부가 산아제한 정책을 사실상 전면 폐지하자마자 각 지방 정부들이 출산 장려 정책을 쏟아 내고 있는데요. 주로 보조금 지급, 출산휴가 연장 등의 조치인데 이런 대책이 얼마나 효과를 볼지는 미지수라는 지적도 나옵니다.

2021년 8월 제13기 전국인민대표대회 상무위원회 제30차 회의에서 셋째 아이를 허용하는 내용을 담은 '인구 및 가족계획법' 개정안이 통과된 후 2021년 11월까지 모두 20개 이상의 성(省)급 도시에서 출산 장려 조치를 내놨는데요. 약 3개월 만에 3분의 2에 달하는

어라, 중국이 읽어지네

지방 정부가 관련 정책을 쏟아 낸 셈입니다. 베이징, 상하이, 저장, 헤이룽장, 쓰촨, 간쑤, 장시, 광둥, 안후이, 산둥 등이 출산휴가 연장과 육아휴직 사용 확대, 보육비 보조금 지급 등의 조치를 내놨습니다.

구체적으로 저장성은 "첫째와 둘째 자녀에 대한 출산휴가 일수를 각각 60일, 90일 추가할 것"이라고 발표했습니다. 중국의 법적 출산 휴가가 98일인 점을 고려하면 첫째와 둘째 자녀를 출산한 산모가 각각 158일, 188일의 휴가를 갖게 되는 것입니다. 아울러 산시성은 셋째 아이를 출산한 여직원에게 반년의 포상휴가를 제공하기로 했습니다. '육아휴가' 제도를 신설한 지역도 있는데요. 상하이와 저장성, 헤이룽장성은 매년 자녀가 3세 이하인 부모들이 매년 5~15일 간 육아휴가를 사용할 수 있도록 했습니다.

보육 및 출산 보조금 지급에 대한 정책도 쏟아졌습니다. 헤이룽장성은 둘째 아이부터 보육 보조금을 지급하기로 했으며, 구체적인 금액은 각 시에서 지정하기로 했습니다. 베이징도 자녀 수에 따른 양육 보조금 시스템을 구축하기로 했으며 쓰촨성은 2~3명의 자녀를 둔 가구에 월 500위안(약 9만 5000원)을 지급하기로 했습니다.

이런 모습에 대해 여성 근로자들은 육아휴가 제도가 추가되면서 기혼 여성에 대한 기업들의 채용 태도가 더 까다로워질 것으로 우려된다고 말하고 있는데요. 정책을 실제로 시행하려면 기업들의 인건비 등도 고려해야 하며 각 지방 정부가 휴가제도의 시행을 관리 감독하고 직원들의 휴가 비용에 대한 기업의 부담도 덜어 줘야 한다는 의견이 나오고 있습니다.


## '세 자녀 정책' 핫 이슈로

1명 키우기도 벅찬데, 누가 아이를 둘 이상 가지려 할까요? 세 자녀 정책을 시행하더라도 산아 제한 완화가 효과적일 것이라 생각하지 않아요.


2021년 6월 세 자녀 허용에 관한 이야기가 나온 직후 중국인 왕 씨가 저희 부서 기자에게 한 말인데요. 왕 씨는 "출산 장려 정책이 없는 중국에서 한낱 월급쟁이가 세 명의 아이를 키우고, 양가 부모 네 명을 수발하기는 힘들다"고 토로했습니다.

2021년 중국 정부는 부부가 자녀를 3명까지 낳을 수 있도록 허용하고 이와 관련한 지원정책을 시행하겠다고 밝혔는데요. 35년 동안 시행한 '한 자녀' 정책을 접고 '두 자녀' 정책을 시행한 지 5년 만에 3명까지 확대된 것입니다.

이와 관련해 국가위생건강위원회는 세 자녀 정책 시행에 적극 나서

어라, 중국이 읽어지네

겠다며 결혼, 출산, 육아, 교육을 함께 고려해 결혼 적령기 청년들의 결혼관 강화, 육아 서비스 체계 발전, 양질의 교육 지원 강화 등을 추진하겠다고 밝혔습니다.

당시 전문가들은 중국 당국이 세 자녀 정책을 시행해도 새로운 '출산 붐'은 일어나지 않을 것이라고 전망했는데요. 앞서 2016년 두 자녀까지 출산을 허용했을 때도 출산율 증가 효과가 예상보다 크지 않았다는 이유입니다.

실제로 두 자녀 정책을 시행한 2016년 출생자 수는 1700만 명까지 증가했지만 출산 고조기 등 현상은 나타나지 않았습니다. 오히려 이듬 해부터 다시 하락세를 보였다는 소식도 나왔는데요. 중국의 출생자 수가 연간 약 1600만 명인 것을 고려하면 실질적으로 200만 명도 늘어나지 않은 것이라고 했습니다.

중장기적으로 출산율을 적정 수준으로 유지하지 위해서는 각종 출산 장려나 육아 지원 등 후속 조치가 뒷받침돼야 한다고 전문가들은 강력하게 주장하고 있습니다. 출산율을 높이기 위해서는 관련 법이 선행돼야 하고, 탁아, 교육, 양로 등 관련 서비스를 구축해야 하며 출산을 장려하는 사회 분위기도 조성돼야 한다는 의견입니다. 급등하는 집값과 생활비, 교육비, 여성의 경제활동 보호 장치 부족은 출산하는 데 경제적 제약으로 작용하고 있고, 이 같은 문제를 해결하려면 조세제도를 개편해 정부 보조금을 마련하고 가임기 여성을 고용할 경우 인센티브를 기업에게 제공하는 등의 대책이 필요하다고 조언하고 있습니다.

## 저출산 고민 '파격지원', 집 구매 자금 지원

인구 절벽 위기를 맞이한 중국이 세 자녀를 허용하는 등 강도 높은 출산 장려 정책을 쏟아 내고 있는데요. 하지만 중국의 고강도 방역 정책인 제로코로나 정책에 부딪혀 저출산 문제가 더욱 악화되고 있다는 평가가 나오고 있습니다.

2022년 8월 1일까지 31개 이상의 성급 도시에서 출산 장려 조치를 내놨고, 이 중 최소 18개 성에서 시행방안을 발표했습니다. 2021년 8월 제13기 전국인민대표대회 상무위원회 제30차 회의에서 셋째 아이를 허용하는 내용을 담은 '인구 및 가족계획법' 개정안이 통과된 지 약 1년 만에 거의 모든 지방 정부가 관련 정책을 쏟아 낸 것인데요.

베이징, 상하이, 저장, 헤이룽장, 간쑤, 쓰촨, 광둥, 산둥 등의 지역에서는 출산휴가 연장과 육아휴직 사용 확대, 보육비 보조금 지급 등의 조치를 내놨습니다. 계속해서 지방정부의 출산 장려 정책이 잇따라 나오고 있는데요. 중국 저장성 원저우시 정부는 다자녀 가정 보조금 지원 정책을 발표하며 둘째 아이부터 양육 보조금을 지급하기로 했으며 둘째 아이는 매달 500위안, 셋째 아이는 매달 1000위안씩 3세까지 지원할 방침입니다.

창샤도 두 자녀 이상 가구에 추가 주택 구매 자격을 부여한다고 밝혔는데요. 애초 창샤 후커우(호적)을 가진 사람들은 2개 주택을 구매할 수 있는 자격이 주어지는데, 두 자녀 이상 가구에는 3개 주택을 구매할 수 있는 자격을 준다는 것입니다.

또 출산 휴가를 연장하고 육아휴직 사용을 확대하기로 했는데요. 창샤시에서는 국가가 규정한 출산휴가 외에 산모에게는 60일 추가 출산 휴가를, 남성에게는 20일 휴가를 제공합니다. 중국의 법적 출산 휴가가 98일인데요. 창샤시의 산모도 158일의 휴가를 갖게 되는 셈입니다.

이 외에도 2명 이상의 자녀를 둔 다자녀 가구에 주택을 포함한 부동산 구매 보조금을 제공하는 지방정부도 있습니다. 2022년 8월 저장성 자싱시는 다자녀 가정에 주택구매 보조금을 최대 10만 위안(약 1930만 원) 지급하는 내용을 담은 새로운 부동산 안정 정책을 발표했습니다. 자싱시는 두 자녀 이상 가구에 주택 제곱미터당 500위안, 최대 10만 위안의 보조금을 지원한다고 했습니다. 장시 내 평균 주택거래 가격은 2022년 5월 기준 제곱미터당 1만 5940위안인데요. 만약 100제곱미터짜리 집을 100만 위안에 구입한다고 가정했을 때 10% 할인을 받는 셈입니다.

## 중국 제로코로나 정책 VS 저출산 초래

14억 세계 최대 인구 대국 중국의 인구 감소 현상이 심각해지고 있는데요. 세계 최대 인구 대국인 중국은 출생률 저하와 인구 고령화 문제를 직면한 상황입니다. 2021년 중국 정부가 출산 장려를 위해 40여 년간 유지해 온 산아제한 정책을 사실상 폐지했지만 감소세가 뚜렷하다는데요. 실제 중국의 2021년 출생아 수가 1062만 명에 그쳐 1961년 이래 가장 적었으며 출생률(인구 1000명당 태어나는 출생아 수)은 0.752%(1000명당 7.52명)로 1949년 신중국(중화인민공화국) 건국 이래 최저치를 기록했습니다. 둘째 비율은 41.4%, 셋째 아이 이상 비율은 14.5%로 집계됐습니다. 2020년과 비교했을 때 모두 하락한 수치인데요. 2020년 중국의 출생아 수는 1200만 명, 둘째로 태어난 비율은 57.1%였습니다.

특히 제로코로나 정책이 저출산을 초래했다는 관측이 나왔는데요. 제로코로나 정책으로 여성들이 출산을 미루거나 포기하는 사례가 늘고 있다는 의견입니다.

어라, 중국이 읽어지네

# 중국 '주우허우', '링링허우' 결혼 안 해?

2022년 중국의 혼인건수가 37년 만에 최저치를 기록했다는 뉴스가 나왔습니다. 한국 못지않게 중국도 비혼 문제로 골머리를 앓고 있는 것이지요. 2023년 6월 중국 민정부가 발표한 통계자료에 따르면 2022년 중국의 혼인 건수는 683만 건으로 전년 대비 80만 건 줄었습니다. 1986년 이후 37년 만에 최저치라고 하는데요.

중국의 혼인 건수는 2013년 1346만 건으로 정점을 찍은 후 9년 연속 감소하고 있습니다. 이 기간 감소율은 49.8%로, 9년 새 반토막이 난 것인데요. 2019년 1000만 건 아래로 내려앉은 후 2021년 800만 건, 2022년 700만 건 수준으로 떨어지며 매년 100만 건 가까이 줄고 있습니다.

중국 현지 매체는 혼인 감소에 대해 "혼인 연령 상승, 결혼 적령기 인구 감소, 가치관 변화, 코로나19 영향 등이 복합적으로 작용했다"고 진단했습니다.

특히 결혼 적령기 인구 감소가 가장 큰 영향을 미쳤다는 분석인데요. 지난 40년 동안의 중국 출생인구 통계를 보면 중국의 출생인구는 1987년 폭발적으로 증가한 후 몇 년 간 급격하게 감소했습니다. 이에 주우허우(1995년 이후 출생), 링링허우(2000년 이후 출생) 인구가 크게 감소했고, 이들이 결혼 적령기에 진입함에 따라 자연스

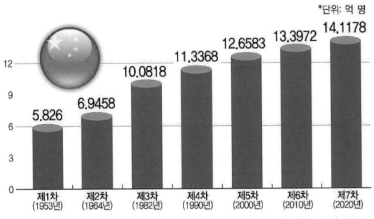

*단위: 억 명

14.1178

13.3972

12.6583

11.3368

10.0818

6.9458

5.826

| 제1차 | 제2차 | 제3차 | 제4차 | 제5차 | 제6차 | 제7차 |
| (1953년) | (1964년) | (1982년) | (1990년) | (2000년) | (2010년) | (2020년) |

중국 인구 규모 변화 추이(출처: 아주경제)

럽게 결혼 적령기 인구도 감소한 것으로 보고 있습니다.

그리고 주우허우, 링링허우는 부모 세대에 비해 교육 수준이 높고 대부분 도시에서 일하고 있어서 취업 경쟁으로 인해 결혼 시기 역시 늦춰지는 추세로 보이는데요. '2020 인구 센서스 연감'에 따르면 2020년 중국의 초혼 연령은 28.67세로 2010년 평균 24.89세에 비해 3.78세 상승했습니다.

중국의 결혼과 육아에 대한 개념이 크게 변화하면서 싱글, 비혼, 비출산을 지향하는 젊은 층도 많아진 것 같습니다. 중국 인구 전문가는 "결혼이 현실적인 안정감을 주지 않기 때문에 결혼을 꼭 해야 한다는 고정관념이 사라진 것"이라고 진단했는데요. "결혼 비용 상승역시 젊은 층이 결혼을 기피하는 이유"라고 분석했습니다.

어라, 중국이 읽어지네

실제 중국 결혼 가능 인구의 성비 불균형으로 신부 측이 신랑 측에 과도한 지참금을 요구하면서 결혼 비용 문제가 불거지고 있습니다. 혼인 건수 감소는 출산율과 직결되기에 더 큰 우려를 낳는다는 분석인데요. 중국 정부 통계에 따르면 중국의 2022년 신생아 수는 956만 명으로 73년 만에 처음으로 1000만 명 아래로 내려갔습니다. 중국은 지난 1978년 인구 급증으로 식량문제 등이 불거지자 '1가구, 1자녀' 정책을 도입, 35년 동안 시행해 왔는데요. 그러나 근래 인구가 급격하게 줄어들자 2016년 두 자녀, 2021년 세 자녀 정책으로 전환하며 이를 극복하기 위해 노력하고 있습니다.

## 인도, 공식 세계 인구 1위국 등극

중국 인구가 줄어드는 반면 인도 인구는 꾸준히 증가하고 있습니다. 인도가 중국을 제치고 공식 세계 인구 1위국으로 등극했는데요. 2023년 4월 유엔인구기금(UNFPA)이 발표한 '2023년 세계 인구 보고서'는 인도 인구를 14억 2860만 명, 중국 인구는 14억 2570만 명으로 추산했습니다. 이에 따라 인도가 중국을 넘어 세계 인구 1위국 자리로 올라서게 됐습니다. 다만 인도 정부가 2011년 이후 공식 인구 통계를 발표하지 않았고, 코로나로 인구 조사가 연기된 만큼, 이는 추정치에 가깝습니다.

2022년 중국의 인구수는 60년 만에 처음으로 감소했는데요. 반면 인도의 인구는 2011년 이후 평균 1.2%씩 꾸준히 증가하고 있습니다. UN은 2050년 중국의 인구가 13억 1700만 명으로 줄어들고, 인도의 인구는 16억 6800만 명까지 증가할 것으로 전망했습니다.

인도는 풍부한 노동력으로 잠재 가치를 인정받고 있습니다. 인구 수 자체가 많을 뿐 아니라 청년 비중도 높은 것으로 보고 있습니다. 블룸버그 통신은 "인도의 인구 절반은 30세 미만으로 앞으로 인도 경제는 매우 빠르게 성장할 것"이라고 전했습니다.

월스트리트저널은 "인도는 30년 전 중국과 여러 면에서 비슷하다"며 "25세 미만이 6억 명에 이르고 노인인구는 적다. 중국에 대항할 수 있는 충분한 노동력을 가진 유일한 국가가 될 것"이라고 전했습니다.

한편 인도 중앙은행 보고서는 인도가 최근 영국을 제치고 세계5위 경제국으로 올라섰으며 2029년에는 독일과 일본을 제치고 세계3위 경제국이 될 것이라고 전망한 바 있는데요. 제가 인용해서 글을 쓰고 있지만 고개는 갸우뚱거립니다.

이러한 UN의 보고서 내용에 대해 중국 정부는 인구의 질적 측면을 부각하고 나섰는데요. 왕원빈 중국 외교부 대변인은 4월 정례브리핑에서 "UN이 발표한 보고서는 인도가 중국을 제치고 세계 인구 최다국이 될 것으로 전망했다. 외교부는 이에 대해 어떻게 보고 있는 가"라는 기자 질문에 대해 "한 국가의 인구 효익은 총량도 봐야하지 만 더 더욱 질적 측면을 봐야 한다"고 답했습니다.

그리고 이어서 "인구도 봐야하지만 더더욱 인재를 봐야 한다"며 "중 국은 14억여 명의 인구가 있고 그중 노동 연령 인구는 9억에 가깝 다. 노동 연령 인구의 평균 교육 연한은 10.9년이고, 신규 유입되는 노동력의 교육 연한은 14년에 달한다"고 덧붙였습니다. 대변인은 또한 중국이 인구 노령화 국가 전략을 적극적으로 실시하면서 인구 구조 변화에도 적극적으로 대응하고 있다고 언급했습니다.

제8부

향후 한중 30년 이끌
중국 속의 한국기업

한중수교 30년 동안 한중 교류의 폭과 깊이는 상당히 깊고 넓어졌습니다. 이 기간 중국은 세계적인 경제 대국으로 발전했고, 한국은 대중국 교류가 커지며 동시에 초고속 성장하는 중국과 함께 시너지를 내며 그 효과를 얻을 수 있었는데요.

한국과 중국 양국 기업이 본격적인 경제교류를 하며 기업 경영을 해 온 지 30년이 넘어가고 있습니다. 수교 후 중국은 한국기업들에게 새로운 시장을 찾을 수 있는 기회의 땅이었습니다.

특히 1992년 한국은 올림픽 개최 후 산업 고도화를 이뤄야 할 시기였는데요. 단순 임가공 공장이 중국으로 생산거점을 옮기면서 한국은 큰 충격 없이 산업 고도화를 이룰 수 있었습니다. 당시 생산 거점을 중국으로 옮겼던 공장들도 중국의 낮은 인건비와 각종 정책적인 혜택을 받으며 크게 성장할 수 있는 시기였습니다.

또 1997년 외환위기 때는 중국으로 뚫린 수출길이 정말 큰 역할을 했는데요. 당시 금을 팔아서 달러를 모았던 그 시기에 중국으로 거대한 수출량이 들어가며 많은 외화를 벌어들일 수 있었습니다.

2009년 글로벌 금융위기 때는 중국이 4조 위안 규모의 부양책을 실시하며 질식 상태에 빠진 세계 경제에 숨통을 트게 했는데요. 중국 소비자들이 대도시를 중심으로 삼성, LG 가전제품들을 대량으로 구매하며 수많은 협력사까지 이 시기를 잘 버틸 수 있었습니다.


## 수교와 함께 중국 진출, 큰 형님 하나은행

한중 수교와 함께 중국에 진출한 하나은행은 공격적인 현지화 정책을 펼치며 중국 속에 스며들고 있습니다. 지점 곳곳마다 중국 현지인을 지점장에 앉히며 현지인 공략에 나선 하나은행은 여러 가지 많은 지적을 받았습니다. 중국인 지점장과 행원들이 한국계 은행과는 다른 서비스를 하며 고객만족이 아닌 고객불만의 시대로 거꾸로 가고 있다는 지적이 많았는데요.

문화의 특성으로 인해 한국계 은행과 중국계 은행은 사실 여러 가지 다르게 느껴지는 게 많습니다. 한국에 있는 하나은행을 생각하고 중국에 있는 하나은행에 갔다가 기대했던 서비스를 받지 못해서

어라, 중국이 읽어지네

투덜거리며 나오는 사람들을 많이 보았는데요. 창구마다 한국말 하는 행원들이 있지만 언어소통이 완벽하게 되기는 어려울 것이고 언어불통으로 빚어지는 또 다른 마찰도 피할 수는 없을 것 같습니다. 또 생각만큼 고객으로서 대접받기도 어려운 것이 사실입니다. 고객 대응 방법이 틀렸다기보다는 한국과 중국의 다른 문화 차이라고 생각합니다. 하지만 하나은행은 현지화 정책에 따른 여러 가지 어려움도 있었지만 중국 진출 30년이 흐른 현재, 중국 내 최상위권 외자은행으로 평가받고 있습니다.

코로나19 사태로 촉발한 모바일, 비대면 금융의 물결 속에 디지털 혁신을 선도한 하나은행은 국내 은행 최초로 개인대출 2조 원 시대를 눈앞에 두고 있습니다. 첫 모바일뱅킹 서비스를 선보인 데 이어

하나은행(출처: 아주경제)

세계적 디지털 플랫폼 회사들과 잇달아 손을 잡고 힘차게 추진한 결과인데요. 코로나 위기에도 하나은행은 중국 시장 영업에 집중하며 글로벌 경영 전략을 수행해 나갈 예정입니다.

## 모바일 대출 실행 3년 만에 1조 9000억 원

하나은행(중국)이 2022년 10월 집계한 온오프라인 통합 개인대출 실적은 100억 위안인데요. 약 1조 9000억 원에 달하는 금액입니다. 하나은행이 중국 현지에서 모바일 대출 서비스를 실행한 지 3년 만에 이룬 성과인데요. 7년 전 모바일뱅킹 서비스를 선보인 후 2019년 9월 신용카드와 유사한 소비금융 서비스 목적의 소액 대출 서비스를 운영한 결과물입니다.

하나은행은 이런 성과 창출의 원동력으로 현지 경영, 특히 중국을 대표하는 초대형 정보통신업체와 협력한 것이 효과를 나타낸 것으로 분석했습니다. 온라인 중심 비대면 소액 모바일 대출은 중국의 빅테크 전자상거래업체 알리바바를 시작으로 중국 최대 포털 바이두, 최대 온라인 여행사 씨트립 등 정보통신기술 플랫폼과 제휴를 맺고 있습니다.

하나은행(중국)이 DT(디지털전환)에 전력을 쏟기 시작한 시점은 2015년인데요. 중국 시장에 디지털 흐름이 가속화되면서 금융 분야에서도 하루가 멀게 DT 서비스가 등장했던 시기입니다. 하나은행은 현지 노점상조차 현금 없이 모바일로 계산하는 모습을 주목했습니다. 10억 명이 넘는 모바일 사용 고객이 현지에 있다는 것만으로도 당행의 DT 전략을 실행하는 데 최적의 조건으로 판단했는데요. 디지털금융을 좇는 고객들의 필요가 점점 다채로워지는 점도 하나은행의 DT 실행에 긍정적인 영향을 미쳤습니다.

하나은행은 외자은행 출자 회사에 가하는 현지 당국의 제약 때문에 오프라인 경영만으로는 발전에 한계가 있다고 판단했는데요. 중국 정부의 제로코로나 정책과 급속도로 발전하는 ICT 기술 등을 고려할 때 비대면 금융은 은행권 미래 생존과 직결되는 상황입니다. 하나은행은 단순히 오프라인 영업점을 늘리는 것은 의미가 없다고 판단하며 온라인, 모바일 개인 소액 대출과 사이버지점(브랜치)을 개설하는 데 예산을 대거 투입했습니다.

중국 주요 ICT와의 제휴에 출발점이 된 곳은 다름 아닌 알리바바입니다. 2019년 6월 하나은행은 비대면 소액 모바일 대출 출시를 위해 알리바바와 맞손을 잡았는데요. 이어 씨트립, 바이두와 업무협력을 시작했습니다.

특히 2021년 8월 텐센트 그룹이 운영하는 중국 최대 모바일 메신저 서비스 '위챗' 플랫폼에 비대면 모바일 지점 '하나 위챗 샤오청쉬'를 개점하며 대내외 이목을 끌었는데요. 샤오청쉬는 위챗 확장을 위해 텐센트가 쇼핑, 게임, 주문, 교통 등 분야에 구축한 인앱(in-App)형 미니 프로그램입니다.

위챗 안에 모바일 지점을 오픈한 하나은행은 전 세계 10억 명 이상의 중국 고객들을 상대로 다양한 금융상품 판매 교두보를 확보하게 됐습니다. 해당 지점을 방문하는 고객들은 중국 현지 영업점을 방문하지 않고도 하나은행의 정기예금 등 예금상품을 비대면으로 가입할 수 있게 됐습니다.

위챗 메인 화면에서 중국어로 '하나은행'을 검색하면 하나은행 위챗 샤오청쉬를 이용할 수 있습니다. 하나은행의 모바일 지점은 시공간 제약 없이 위챗을 사용하는 전 세계 중국인 고객들과 언제 어디서든 만날 수 있는데요. 하나은행은 앞으로 국내외 유수의 플랫폼 기업들과 협력해 글로벌 모바일뱅킹 서비스를 선도할 것이라고 강조했습니다.

**하나은행, 중국 현지 20여 개 탄탄한 네트워크**

중국에서 운영 중인 하나은행 영업점은 베이징시 본점 영업부를 비롯해 상하이, 광저우, 동북 3성 등 20여 개 영업점이 있습니다. 주요 도시에는 진출해 있는데요. 하나은행이 100% 출자해 설립한 하나은행(중국)은 1992년 7월 구(舊) 외환은행이 베이징에 설립한 사무

어라, 중국이 읽어지네

소입니다.

구 외환은행은 1993년 12월 톈진지점을 잇달아 개점했고, 구 하나
은행은 2000년 8월 상하이지점 문을 열었습니다. 법인 전환을 이룬
곳은 구 하나은행인데요. 2007년 12월 중국법인을 출범한 하나은
행에 이어 구 외환은행은 3년 뒤 법인 체제를 구축했습니다.

국내 구 하나은행과 구 외환은행이 합병을 이룬 2015년보다 앞선
2014년 12월, 중국 내 하나·외환은행은 한국보다 앞서 중국통합법
인으로 새 출발을 선언했습니다.

하나은행이 이처럼 중국 시장에 심혈을 기울이는 것은 미국 다음으
로 큰 중국 시장의 발전 가능성 때문입니다. 1980년부터 30년 동안
연평균 10% 가량의 놀라운 경제성장률은 세계 역사에서도 놀라운
기록인데요. 금융권은 무엇보다 중국이 '세계의 공장'으로 불린 연
유에 주목했습니다.

낮은 인건비와 풍부한 자원을 바탕으로 제조업을 발달시킨 중국과
관련해 한국의 교역 규모는 매년 성장세를 이뤘습니다. 한중 수교
이후 양국 무역규모는 64억 달러에서 3000억 달러까지 급증했고,
한국 수출의 약 25%를 중국이 차지하고 있습니다.

국내 금융사들은 중국 금융이 은행 중심으로 발전해 온 점에 대해
관심을 보였는데요. 2000년대 들어 현지 자본시장에 급격한 변화의
바람이 불면서입니다. 시진핑 주석이 2018년 보아오포럼에서 '개

방'이라는 단어를 대거 사용한 점이 대표적인데요. 중국 개방의 주요 창구가 바로 금융, 그것도 은행이 핵심이라는 분석입니다.

하나은행은 시진핑 주석의 발언 이후 외자 금융기관의 지분 비율과 업무 범위에 관한 제한이 상당수 철폐, 완화됐다고 했는데요. 자본 시장에서도 중국 주식 및 채권 시장 관련 외국 자본의 투자 한도가 완화됐거나 투자 편리성을 높이는 방식의 개혁 개방이 이뤄졌는데 중국 개혁 개방은 한국 금융사의 분명한 기회가 될 것으로 보고 있습니다.

## 하나은행의 '투 트랙 현지화 경영'

전 세계 경제를 위축시키고 중국 전체를 타격한 코로나19 직격탄은 하나은행에도 적지 않은 손해를 끼쳤는데요. 코로나19 사태가 불거진 2019년 하나은행(중국) 당기순이익은 70억 원 수준으로 전년 540억 원 대비 90% 가까이 급감했습니다. 2022년 시장 상황도 녹록지 않지만 하나은행은 향후 중국 내 코로나 봉쇄 정책이 완화될 것이라는 전망에 힘을 실으면서 실적 역시 반등할 가능성이 크다고 보고 있습니다.

하나은행은 '아시아 최고 금융그룹'이라는 비전 달성을 위해 핵심 계열사로서 하나은행 중국법인의 '회복 탄력'을 기대하고 있는데요.

어라, 중국이 읽어지네

함영주 회장은 2022년 3월 취임 당시 '강점의 극대화', '글로벌 선도 금융그룹이 위상강화', '디지털 금융 혁신'을 제시했습니다.

하나은행은 현지화 경영에 초점을 맞추고 있는데요. 투 트랙 전략을 그리고 있습니다. 첫 번째는 중국법인 경영진을 현지화하는 것으로 금융 경험이 풍부한 인재를 선임해 변화하는 현지 시장에 대응하는 것이며, 두 번째는 우수한 현지 기업을 상대로 투자해 현지화 경영을 실시할 것을 주문하고 있습니다. 하지만 앞서 언급한 하나은행 중국법인의 고객서비스에 대한 부분도 좀 더 신경 쓴다면 하나은행의 위상이 분명 더 높아질 것이라 생각됩니다.

## 중국 다수 은행, 우리은행 계좌 개설

중국에 진출해 있는 우리은행도 코로나19 사태 여파로 어려운 영업 환경에 직면했지만 디지털 혁신과 현지 맞춤형 사업에 주력하면서 팬데믹 이전으로의 실적 회복이 뚜렷하게 나타나고 있는데요. 현지법인 중국 우리은행의 2022년 상반기 당기순이익은 이미 2021년 전체 순익 규모와 맞먹는 것으로 나타났습니다.

2022년 3월 취임한 이원덕 우리은행장이 글로벌 사업을 포스트코로나 핵심 경영전략으로 재차 강조한 가운데, 중국 우리은행 비대면금융 서비스는 현지 최우수 수준으로 평가받고 있습니다.

중국 우리은행에서는 현지 5대 은행으로 분류되는 공산은행, 건설은행, 중국은행, 교통은행, 농업은행을 포함해 50여 개 대형, 중견은행이 원화 계좌를 개설하고 있는데요. 한국 중앙은행인 한국은행이 중국 내 원화청산 은행 지위를 중국 우리은행에게 부여했고, 그 결과로 원화 송금과 환전 등 관련 업무가 활발히 진행 중입니다.

이로 인해 중국 중앙은행 인민은행이 중국 우리은행을 6년 연속 우수기관으로 선정하게 된 것으로 보는데요. 인민은행 산하 외환거래센터는 757개 회원사를 대상으로 매년 우수기관을 심사해 발표하고 있습니다. 중국 우리은행은 '원-위안 직거래 우수 시장조성자' 부문에서 최우수은행 타이틀을 보유하고 있습니다.

인민은행은 은행 간 시장의 환율 고시 권한을 외자은행에도 부여하는데요. 현지 유동성 공급을 원활히 수행하도록 이른바 '시장조성자'를 선발하며 중국 우리은행은 은행 간 네트워크를 활용한 9억 달러 이상의 실적을 인정받고 있습니다.

중국에서 원-위안 직거래시장은 지난 2016년 개설된 이후 현재까지 15개 은행이 시장조성자 자격을 보유하고 있습니다. 우리은행은 국내 경쟁 구도의 타 은행을 제치고 현지 최우수은행으로 선정되었습니다.

이 같은 저력을 앞세운 중국 우리은행은 환 헷지 등 파생 업무 수요

기업을 적극적으로 발굴하는 한편 한국기업과 교민 대상 맞춤형 서비스를 잇달아 선보이고 있습니다. 특히 한자계 은행 중 최초로 현지 파생 업무 라이선스를 획득하면서 중국 우리은행은 파생거래 관련 풍부한 노하우를 축적했습니다.

중국 우리은행 법인장은 "중국계 기업 중 한국과 거래가 있는 기업들을 대상으로 환 헷지를 포함한 위험회피 파생 거래 수요를 계속 발굴하고 있다"며 "중국은 성장 잠재력이 큰 경제 대국이기 때문에 기존 한국기업 지원 중심의 금융을 탈피하고 현지 1등 외자은행을 목표로 지속 성장을 위한 경쟁력을 강화했다"고 밝혔습니다.

이런 상황에서 중국 우리은행은 2016년 당기순익 373억여 원으로 최고치를 기록한 후 코로나19 된서리를 맞은 원년인 2019년 당시 57억여 원까지 급감하게 됐습니다. 그 후 다시 우상향 곡선을 그리며 순익 반등에 나선 중국 우리은행은 2022년 6월 기준 168억여 원 순익을 올렸는데요. 2021년 1년 동안 쌓은 175억여 원 순익을 사실상 반년 만에 달성한 셈입니다.

이원덕 우리은행장은 "중국 우리은행은 대출, 예금, 외환 등 한국기업과 교민들에게 최고의 금융서비스와 편의를 제공하고 있다"며 "한국계 은행 중 최초로 구조화 예금과 외국인 전용 모바일 급여송금 등 특화 상품과 서비스를 출시하는 등 현지 고객의 금융 수요에 최적으로 대응할 것"이라고 전했는데요. 2022년 6월 기준으로 중국 우리은행은 총자산 7조 6908억 원, 대출금 3조 5479원, 예수금 6조 2035원, 영업수익 597억 원 등 성장세를 이어가고 있습니다.

## 코로나19 시기에도 영업점 확대

코로나19 사태로 금융권이 어려움을 겪고 있는 가운데 많은 현지 외자은행들은 내실다지기라는 명분으로 몸을 움츠리며 리스크 피하기에 급급한 모습인데요. 우리은행은 영업점을 확대하는 등 정면 돌파를 선택했습니다. 우리은행은 여러 리스크 속에서 중국 최초의 경제특구 지역이지 베이징, 상하이와 더불어 3대 핵심도시로 꼽히는 선전시에 선전치엔하이지행을 개설했는데요. 다른 은행들이 영업점을 닫고 있는 사이 중국 우리은행은 현지 코어 경제축을 형성한 선전에 22번째 네트워크를 구축했습니다.

중국 우리은행이 선전을 택한 것은 이 지역 인구 1인당 국내총생산이 4000만 원에 육박하고 텐센트, 화웨이, 바이두 등 중국계 글로벌 기업 본사가 소재하고 있는 지리적 특성으로 보이는데요.

우리은행은 선전치엔하이지행이 홍콩과 맞닿아 있는 경제자유무역구에 위치하는 점을 들어 중국 현지 기업을 상대로 영업 활성화에 톡톡히 기여할 것으로 내다보고 있습니다. 이를 위해 지행장을 포함한 전 직원을 중국인으로 선발했는데요. 해당 지행과 함께 중국 우리은행 소속 임직원 중 중국인은 전체 605명 중에 576명으로 약 95%에 달합니다.

이렇게 중국 우리은행이 집중하는 전략은 바로 현지화인데요. 중국 전자상거래 업계 2위인 징둥과 최근 업무제휴를 맺고 플랫폼 기반 개인 고객 비대면 대출상품을 출시한 것도 같은 맥락입니다. 현지화는 꼭 실현해야 할 장기 과제이면서 중국 우리은행의 궁극적인 목표라고 강조했습니다.

중국 우리은행은 모든 영업의 원천을 '맨파워'로 보고 각 지행별 관리자 비중을 확대하는 데 심혈을 기울이고 있습니다. 한국에서 파견하는 직원 역시 중국에 대한 이해도가 높은 직원을 중심으로 팀을 구성하고 있다는데요. 이런 노력에 힘입어 중국 우리은행의 출자 자본금은 25억여 위안, 약 한화 4986억여 원으로 집계됩니다. 중국 우리은행은 중국에 진출한 외국계 40여 개 은행 중 중상위권을 형성하고 있습니다.

우리은행 관계자는 "탄탄한 자본금뿐만 아니라 현지에서 인정받는 것은 매년 중성신국제신용평가사로부터 받는 신용평가 결과 때문"이라며 "장기간 AA+ 등급을 유지하고 있다"고 언급했습니다.

## 외국계 기업 진입 잣대 높아 '첩첩산중'

전통적으로 중국은 외국계 기업을 대상으로 다른 나라에 비해 강도 높은 진입 잣대를 제시하는 것으로 유명한데요. 절대적 신용에 바탕을 둔 금융 산업은 그 정도가 더욱 심한 것으로 알려져 있습니다. 중국 우리은행 역시 엄격한 업무 인가 절차를 둘러싼 애로사항을 호소하고 있는데요. 대다수 현지 외국계 은행들은 금융 관련 새로운 사업을 추진할 때 적시성이라는 부분이 중요한데 적지 않은 영향을 받는다고 말합니다. 현지 감독 당국에 보고 또는 인가받는 과정이 생각보다 복잡하고 소요 시간이 길다는 것인데요.

더욱이 중국 감독 당국은 로컬 은행과 비슷한 내부통제, 관리 수준을 요구하며 외국계 은행에 관련 시스템을 마련하라고 압박하고 있습니다. 사실 현지 은행 대비 규모 면에서 절대적으로 열위에 있는 외자은행에 대해서도 로컬 수준의 시스템을 요구하는 것은 현실적으로 어려울 텐데요. 사업을 추진할 때 투입해야 할 비용에 대한 부담이 상당히 큰 상황입니다.

중국 우리은행은 아울러 젊고 우수한 인재 확보를 위해 보상 제도를 개선하고 있는데요. 인력 시장의 높은 이직률 때문에 더 나은 처우와 조건을 찾아 수시로 회사를 옮기는 젊은 세대의 트렌드를 반영하기 위해서입니다.

중국 우리은행은 인력 유출 방어를 위해 급여 등 처우를 개선해야 하는데 이것이 인건비 상승 압박이 될 수 있지만 우수 인력이 곧 회사의 미래라는 신념으로 보상제도를 강화하며 장기 근무가 가능한 환경을 만들기 위해 노력하고 있다고 강조했습니다.

## 10대 중국외자은행 등극, 신한은행

중국 신한은행은 중국에 진출한 국내 은행들을 제치고 2022년 당기순이익 1위를 달렸는데요. 한국과 중국이 수교를 맺은 1992년 이후 2년이 흘러 중국 시장에 첫발을 내디딘 중국 신한은행은 현재 총자산만 7조 5700억 원대를 기록하며 10대 중국외자은행에 등극했습니다. 미국과의 대외적 갈등이 지속되는 가운데 현지 당국의 수위 높은 내부통제 규제는 리스크로 보이지만 중국 신한은행은 디지털 혁신 전략으로 사업영역 확장에 속도를 내고 있습니다.

### '최우수 중국외자은행' 견고한 입지

국내 리딩뱅크 경쟁을 치열하게 벌이는 신한은행은 중국 내 탄탄한 네트워크를 앞세워 '최우수 중국외자은행' 입지를 견고히 다지고 있는데요. 신한금융그룹 회장과 신한은행장이 코로나19 위기 속에서도 DT(Digital Transformation) 기반 글로벌 사업에 주력한다는 경영 방침을 공표하면서 중국 신한은행도 영업력을 강화한 결과 순이익 상승을 이끌었습니다.

중국 신한은행은 한국과 실시한 핫라인을 구축해 현지 영업을 총괄하고 있는데요. 홍콩, 뉴욕, 싱가포르, 미국(아메리카신한은행), 런던에 이어 신한은행의 여섯 번째 글로벌 진출 국가에 해당하는 중국법인은 코로나19 사태를 겪은 최근 3년간 뚜렷한 순익 증대를 나타내고 있습니다.

금융권, 특히 주요 은행들 순위를 결정짓는 당기순익을 기준으로 볼 때 중국 신한은행의 성장세는 더욱 두드러지는데요. 타행이 마

신한은행(출처: 아주경제)

어라, 중국이 읽어지네

이너스 성장으로 뒷걸음칠 동안 중국 신한은행은 2022년 상반기 기준 전년 대비 19.7% 오르면서 285억 원 순익을 기록했습니다. 이미 2021년 총순익의 70%에 육박하는 실적을 달성했는데요. 코로나19 사태가 불거지며 그 해 순익은 전년에 비해 10억여 원가량 줄었지만 이듬해부터 순익 반등에 성공했습니다.

기업과 리테일 영역을 아우른 중국 신한은행 영업력의 근간은 금융 본연의 '신용'으로 집약되는데요. 국제신용평가사로부터 받은 신용등급은 2009년 AA-급에서 1년 뒤 한 단계 상승했고, 중국 내 외국계 은행이 좀처럼 받기 어려운 AA+급을 10년 만에 획득했습니다. 대인 관계와 신뢰를 중시하는 중국 문화에서 중국 신한은행은 현지인들에게 호평을 받고 있는데요. 주요 수익성지표인 자기자본이익률(ROE), 총자산순이익률(ROA) 등이 국내 은행권 통틀어 1, 2위를 달리는 이유 중에 하나입니다.

법인장을 포함한 492명 중국 신한은행 임직원은 이 같은 신용등급과 더불어 '처음부터 끝까지 함께하는 믿음직한 파트너'를 슬로건으로 내걸고 있습니다. 법인장은 2019년 7월 AA+ 신용등급 획득을 계기로 새롭게 출발한 중국 신한은행은 새로운 마음가짐과 자세로 고객 성공을 위한 믿음직한 파트너가 되고, 미래를 열어가는 사랑받는 1등 은행이 되도록 노력할 것이라고 강조했습니다.

중국 신한은행은 현지법인으로 신한은행의 20개 글로벌 진출국 중

하나인데요. 신한은행은 모두 160여 개 영업점 네트워크를 보유하고 있습니다.

## 신한은행 '쏠(SOL)', 2020년 중국 출시

중국 신한은행은 1994년 9월 개점한 톈진분행이 모태인데요. 중국 현지법인을 설립한 2008년 이후 인민폐 개인 업무, 인터넷뱅킹, 직불카드 업무, 원화 송금 업무 등을 잇달아 선보였습니다. 지속적인 모바일과 온라인뱅킹 서비스 업그레이드는 신상품 출시로 이어졌는데요. 국내 모바일뱅킹 플랫폼 톱랭커로 꼽히는 신한은행 '쏠(SOL)'은 2020년 1월 중국에 공식 출시됐습니다.

신한금융이 이처럼 중국 시장에 집중하는 것은 세계 두 번째 경제 대국으로서 역동적인 성장과 한국과의 지정학, 문화적 근접성 등 여전히 무시할 수 없는 매력 때문인데요. 중국 신한은행은 2021년 12월 홍콩달러 업무 등 새로운 서비스를 개시하면서 외연 확장에 속도를 내고 있지만 현시점에서 분행, 지행 등의 영업점 확대 여부에 대해서는 신중모드를 견지하고 있습니다.

중국 신한은행은 향후 글로벌 금융시장의 미중 갈등 장기화 등 급변하는 양상을 고려해 시장 상황을 주시할 계획인데요. 신한은행의 글로벌사업 전략적 방향성에 맞춰서 중국 시장에서의 사업 확대 여부는 다른 시장에서의 성장성 등을 감안해 추진해 나갈 것으로 예상됩니다.

중국 내 영업 환경이 좋지 않지만 중국 신한은행은 현지 디지털 생태계, 무엇보다 애플리케이션 시장 활성화에 주목하고 있습니다. 코로나19 사태로 촉발한 언택트(비대면) 금융 문화가 중국 내 보편화 되면서인데요. 이는 곧 중국 신한은행이 현지 DT에 전력을 쏟는 결정적 근거로 현지 e-상거래(커머스) 등 다양한 플랫폼 기업들과 전략적 제휴를 체결해 나가고 있습니다.

세계적 디지털, 모바일 플랫폼으로 꼽히는 알리바바, 샤오미, 틱톡, 바이두 등과 맞손을 잡은 중국 신한은행의 새로운 비즈니스는 계속되고 있습니다. 신한은행장은 "중국법인은 물론 신한은행의 모든 글로벌 네트워크의 지향점은 DT로 귀결한다"며 "디지털 연계 공급망금융, 리팩토링, 기업 여신 상품 발굴 등을 추진하면서 현지 정보통신기술(ICT) 우수 인재 확보에 심혈을 기울이고 있다"고 강조했습니다.

한 박자 빠른 DT전략은 중국 신한은행만의 차별화 서비스를 낳고 있는데요. 인터넷 뱅킹을 활용해 즉각 중국 위안화를 한화로 송금할 수 있는 서비스는 호평을 받고 있습니다. 기존 US달러 매개 송금 방식보다 제반 비용은 물론 편리성을 개선해 한국인 고객을 대상으로 한 맞춤형 송금 서비스 방식을 완성했다는 평가입니다.

개인 환전 서비스도 빼놓을 수 없는 부분인데요. 한국에서 중국으로 US달러를 송금 시, 최초 1회 내점해 위안화 계좌를 개설하고 약정하면 달러 송금 도달 시, 자동 협의가 이뤄진 우대 환율을 받고 환전할 수 있습니다.

이외에 중국 전역 어디서나 한국어 상담이 가능한 폰뱅킹, 고객 계좌 입출금과 예적금, 대출 만기 및 특이 거래 정보를 지정 휴대전화에 문자 전송하는 안심 거래 서비스를 제공하고 있습니다. 이런 서비스를 시현한 중국 신한은행은 양쯔강 삼각주, 대만권, 정진지(베이징, 톈진, 허베이) 대도시권, 청두 충칭 경제권 등을 포함한 중국 주요 경제권에 10개 분행, 9개 지행을 보유하고 있습니다.

## 여전히 존재하는 리스크 요인

이런 호조세 가운데 2023년 중국 영업 기상도가 화창한 편은 아닌데요. 미국과의 패권 다툼뿐만 아니라 3년째 수그러들지 않는 변이 바이러스 공포가 지속될 전망이고, 현지 금융당국의 외국계 은행 대상 내부통제 관련 제재 수위가 높아지고 있는 것이 핵심입니다. 중국 신한은행은 역시 이런 리스크 요인에 초점을 맞추고 있는데요. 중국 내 한국기업들이 주요 고객인 실정에서 사업 안정성과 운영 측면의 변동성 발생 우려가 크다고 분석하고 있습니다. 중국 신

어라, 중국이 읽어지네

한은행은 중국 당국의 컴플라이언스 등 내부통제 규제 수준이 점차 높아지고 있는 가운데 벌금과 과태료 부과 등 제재 리스크가 상존하고 있다고 설명했습니다.

강력한 제로코로나 정책을 유지하는 중국 정부의 기조도 변수로 꼽히는데요. 중국 신한은행은 코로나19 재확산 사태에 24시간 대비 체재를 갖추고 있습니다. 점포 폐쇄에 따른 손실 최소화를 위해 원격 관리, 지원 체계도 강화했습니다.

중국 신한은행은 또 19개 분행, 지행 소재지와 임직원이 거주하는 지역 내 코로나19 확진자 발생 시, 점포 폐쇄 또는 격리 조치 등 현지 보건당국의 지침을 따르고 있는데요.

신한은행 관계자는 "현재 중국 당국의 외국인 출입국 규제가 까다롭지만 국내에서 중국으로 파견 온 주재원 안전 보호는 당행의 1순위 의무"라며 "국내 치료가 필요하다고 판단되면 즉시 에어 앰뷸런스를 가동해 신속한 국내 복귀를 지원하는 시스템을 완비했다"고 설명했습니다.


## 아시아 선도 은행, KB국민은행

국민은행이 100% 출자한 중국 현지 법인 중국 국민은행은 2022년

9월 기준 임직원 170여 명에 총자산 4조 4600억대를 기록하고 있습니다.

중국 방역당국의 제로코로나 정책에 따른 현지 성장률 둔화가 위험 요소로 꼽히고 있지만 강세를 보인 기업금융뿐만 아니라 리테일 영역에서도 실적 견인을 기대하고 있습니다.

## 진출 15년 안정적인 신용등급

중국 국민은행은 2007년 광저우 지점을 모태로 15년간 현지 네트워크를 꾸준히 늘리며 현재 신용등급 AA를 획득하고 있습니다. 외국계 은행에 까다로운 신용 잣대를 내미는 중국 당국에서 받은 우수한 신용등급은 중국법인 실적 상승의 기반이 됐다는 분석인데요. AA등급은 탄탄한 중국 국민은행 기초자산의 밑거름으로 꼽히고 있습니다. 중국 국민은행을 이끄는 법인장은 취임 시기에 맞은 코로나19 위기에도 신용등급 유지와 이에 따른 실적 선방의 일등 공신으로 평가받고 있습니다.

코로나19 사태가 터지기 전 중국 국민은행의 2018년 당기순이익은 180억여 원까지 늘었지만 2019년 147억여 원까지 하락했습니다. 수익성에 적신호가 켜지자 중국법인은 외연 확대보다 내실 다지기, 자산 건전성에 무게 중심을 두고 안정적인 경영에 집중했습니다.

어라, 중국이 읽어지네

그 결과 2년여 전부터 순익을 만회하고 있는데요. 2020년 173억여 원, 2021년 175억여 원 등 당기순익을 올렸으며 현지 방역정책 강도가 점차 완화될 전망에 따라 실적 개선은 지속될 것으로 예상하고 있습니다.

수치로 대변하는 중국법인 성장은 영업이익과 자산 면에서 더욱 뚜렷한데요. 총 영업 이익은 2019년 452억여 원, 2020년 498억여 원, 2021년 618억여 원 그리고 총자산은 2019년 3조 6357억여 원, 2020년 4조 2322억여 원, 2021년 4조 4625억여 원 등 매년 성장세를 나타내고 있습니다.

국민은행이 이처럼 중국 시장에 주목하는 것은 대외 무역과 해외 직접투자 규모 등 한국과 불가결 관계인 입지에 영향이 있는데요. 국내를 넘어 KB의 글로벌 은행 도약, 해외 자산 비중을 배가한다는 목표로 경제성장 잠재력이 높은 중국 진출을 숙고해 온 점도 같은 맥락으로 보입니다.

국민은행 관계자는 "그동안 영업 기반 확대가 상대적으로 용이했을 뿐만 아니라 점진적인 자본시장 개방 등 금융산업의 지속적 성장이 예상됨에 따라 중국 시장에 진출했다"며 "비록 협소한 5개 영업 네트워크 채널에도 불구하고 안정적 자산 성장과 수익성 개선을 달성하고 있다"고 말했습니다.

국민은행은 2022년 9월 기준 중국법인을 비롯해 캄보디아, 미얀마 등 6개 현지 법인과 뉴욕, 도쿄, 런던 등 9개 해외 지점을 보유하고 있습니다. 중국법인에는 법인장을 포함하여 본국에서 파견된 직원 16명 등 임직원 171명이 근무 중입니다.

## 메트로폴리탄 타깃, 핀테크 고도화 전략

중국 시장은 국민은행 글로벌 네트워크 중 여섯 번째 진출국에 해당하는데요. 베이징 소재 총행(본사)과 5개 분행(기존 지점)으로 구성됩니다. 광저우 지역을 시작으로 중국 시장에 도전장을 내민 국민은행은 평균 2년에 1개꼴로 신규 네트워크를 확보해 왔는데요 2008년 10월 하얼빈, 2010년 7월 쑤저우, 2012년 11월 베이징 지점 설립과 동시에 기존 지점을 분행으로 전환하며 공식 법인 운영을 개시했습니다. 그 이후 2015년 12월 상하이 분행을 세웠고, 2019년 3월 총행 영업부를 설립하며 이른바 메트로폴리탄을 겨냥한 전초기지 구축을 완성했습니다.

중국 국민은행은 기 같은 총행과 분행 간 유기적 협력을 바탕으로 현지에 진출한 제조, 서비스업 분야 한국기업을 주요 고객으로 삼고 있는데요. 고객에게 감동을 주는 현지화된 KB국민은행, 아시아 금융을 선도하는 글로벌 뱅크라는 슬로건도 내걸었습니다.

기업들에게 운영, 시설자금 융자, 송금 등 수출입금융을 제공하고 예금과 투자 등 기업금융 서비스를 주요사업으로 설정했는데요. 고객에게 최고의 가치를 제공하기 위해 타깃 고객을 재정립하고 고객기반을 확대하는 한편, 빠르고, 편하고 친절한 서비스 실현에 전력을 다했습니다. 또 핵심 영업 인력을 양성하고 현지화된 상품 개발, 성과주의 문화 장착으로 현지 영업 역량을 최대치로 끌어올리고 있습니다.

현지 은행과 업무 제휴도 늘리고 지속적으로 신규 영업점을 열어 핵심 거점에 대한 네트워크 역시 다져 가고 있는데요. 중국 국민은행은 금융사고 방지와 리스크 관리 체계를 강화해 종합적인 경영관리 역량을 높이는 데 집중하고 있습니다. 또 파견 나온 국내 직원과 현지에서 기용한 우수 인력들의 조직 충성도를 최대치로 끌어올리도록 체계적인 연수제도를 운영하고 있습니다.

2023년에는 기존 기업금융과 더불어 리테일 비즈니스도 본격적으로 추진할 예정입니다. 2021년 시행한 개인 모기지론과 2022년 선보인 개인소비 대출 등에서 충분히 가능성을 봤기 때문인데요.

특히 모바일 비대면 금융문화가 현지에서도 정착하면서 중국 국민은행도 디지털 혁신에 가속도를 붙인다는 계획입니다. 금융기술 부문에 이목이 쏠린 이유로 중대형 현지 플랫폼 업체들과 제휴를 확대하고 언택트 대출 활성화를 유도해 리테일 부문 확장을 꾀하고 있는데요.

## 중국 경제 회복 가능성 기대, 국민은행에게 기회

중국 경제가 유독 코로나19 전면봉쇄 충격으로 회복 궤도에서 이탈하고 있다는 소식은 중국 국민은행에게 반가운 소식은 아닌데요. 도시가 봉쇄되며 기업과 공장이 멈추고 경제적인 어려움이 곳곳에서 나타나고 있는 상황입니다.

2022년 2분기 저점 찍고 다시 반등에 성공했던 중국은 다시 가뭄과 홍수, 전력난으로 어려움이 있었는데요. 중국 정부의 경기부양책이 때마다 응급처치를 해 주며 어려운 시기를 잘 지나가는 모습입니다. 중국 정부의 강력한 경기 부양 의지를 확인한 금융투자권은 2023년부터 'U자'형 반등세를 나타낼 공산이 크다고 예상했습니다. 중국 전문가들은 중국 정부가 지속적인 경기부양책을 펼치며 경제와 민생 안정에 총력을 다할 것이라고 관측하고 있습니다.

이런 가운데 중국 국민은행도 코로나19 극복 전략을 장기 과제로 제시했는데요. 현지 소비심리가 좀처럼 회복되지 않아 성장률 둔화로 이어진다는 판단입니다. 이에 따라 순이자마진 등 수익성보다는 건전성 관리에 치중하고 한국계 대기업을 상대로 안정적 여신에 방점을 찍고 있습니다.

무엇보다 임직원 안전 확보를 최우선으로 개별 방역 물품 제공은 물론 재택근무를 제도화해 한층 개선된 업무 환경을 마련했는데요.

또 코로나19로 인한 임직원 국내 입국과 전보도 철저한 안전에 근거하고 개인 의지를 기준으로 하고 있습니다. 주재원이 본인 일신상 사유 또는 건강검진 등을 희망해 국내 입국을 신청하면 100% 수용하는 방식입니다.

국민은행은 "중국은 그 어느 나라보다 강력한 제로코로나 정책을 실시했고 지역 간 이동 제약 등 봉쇄정책이 잇따르고 있다"며 "상하이시는 약 2개월간 도시 전면 봉쇄가 있었고 동일 지역 안에서도 국지적 봉쇄정책이 이어졌다"고 전했습니다.


## LG전자, '프리미엄화'로 업계 선도 전략

LG전자는 프리미엄 가전을 생산하는 곳으로 잘 알려져 있는데요. LG전자는 타국 대비 상대적으로 저렴한 인건비를 갖춘 중국 현지 환경을 이용해 완제품 생산 비용을 아끼는 전략으로 2010년 4조 원 이상 매출을 달성하기도 했습니다.

하지만 보조금 정책을 등에 업은 현지 가전업체들이 맹추격하면서 매출이 줄어 들었고 일부 사업은 손실을 이기지 못하고 중국을 떠나기도 했는데요. 가격 경쟁력을 점차 잃으며 중국 비중이 줄고 있지만 LG전자는 '프리미엄화'를 통해 업계를 선도하겠다는 전략을 펴고 있습니다.

## LG의 현지화 VS 사드 등 매출 비중 '추락'

LG전자는 1992년 한중 수교 이후 중국 시장에서 꾸준히 사업을 이어왔습니다. 1993년 중국 후이저우에 생산법인을 설립했고 2년 후 1995년에는 베이징에 판매법인을 설립했습니다. 이후 10여 년 전까지 중국에 적극 투자하며 현지화 전략을 이어왔는데요. 2005년 당시 LG그룹은 4억 달러(약 4600억 원)를 들여 톈안먼 광장 동쪽 업무지구에 지상 31층 빌딩 2개 동을 세우고 '베이징 LG트윈타워'라 이름을 붙였습니다. 베이징 LG트윈타워는 여의도에 있는 LG트윈타워를 빼닮은 모습으로 중국사업 전초기지로 쓰였는데요. 해당 빌딩은 15년 뒤인 2020년 싱가포르투자청에 매각됐습니다.

10여 년 전만 해도 8%에 달하던 중국 매출 비중도 지속적으로 감소하는 추세인데요. 2022년 8월 공개된 반기보고서에 따르면 LG전자의 2022년 상반기 매출은 40조 4410억 원입니다. 이 가운데 중국 매출 비중은 3.3%로 집계됐습니다. 2021년 같은 기간보다 0.4%포인트 줄어든 수치인데요. 2010년까지만 해도 가전과 TV부문 매출은 4조 6408억 원에 달했지만 4분의 1이상 줄어든 것입니다. 앞으로 주목할 만한 반전이 없다면 중국 매출 비중은 하락 추이에서 벗어나지 못할 가능성이 높은 것으로 예상됩니다.

이 같은 매출 및 매출 비중 감소는 중국이 자국 기업에 유리한 보조금 정책을 통해 현지 가전업체를 키워 내 입은 타격 때문인데요. 기존에는 노골적으로 한국 제품을 베꼈던 중국 업체들은 이제 공정 기술을 선진화하며 추격 속도를 높이고 있습니다. 또 과거 고고도미사일방어시트템(사드) 배치 결정으로 인한 중국 내 한한령, 이로 인한 반한 감정이 높아진 것도 영향을 받았는데요. 이후 미국과 중국 간 무역갈등이 지속되는 등 대외적인 요인까지 겹치기도 했습니다.

LG전자는 지속되는 중국 지역 매출 하락에 일부 사업 철수와 법인 청산 등 몸집 줄이기로 대응했는데요. 2019년에는 LG베스트샵을 운영하는 '하이프라자' 중국법인을 청산했고, 2020년에는 중국 쑤저우 쿤산 지역 차량용 인포테인먼트 부품 생산 법인과 톈진 지역 주방용 히터 부품 생산 법인을 청산했습니다. 이전부터 가동이 중단됐던 톈진 법인도 같은 해 문을 닫았습니다.

**출구전략은 몸집 줄이고 고급 제품으로**

대외적 악재 속에서 LG전자가 펴고 있는 전략은 고급 제품 강화, 즉 '프리미엄화'인데요. 중국 업체들이 바짝 추격하고 있지만 반도체와 디스플레이 경쟁력은 아직 LG전자를 비롯한 한국 업체들이 세계 최고로 평가받고 있습니다. LG전자는 2020년까지 OLED TV를 중심으로 프리미엄 TV 상품을 강화했는데요. 무선청소기 '코드제로' 시리즈와 대표적 의류관리기 '트롬 스타일러', 넓은 청정 면적을 갖춘 '퓨리케어' 등도 프리미엄 시리즈로 꼽히고 있습니다. 2021년에는 이런 제품들을 강화한 '오브제 컬렉션'을 선보이기도 하였습니다.

LG전자는 최근 70인치 이상 대형 프리미엄 TV로 중국을 비롯한 전 세계를 공략하겠다고 선언했는데요. 2022년 1월 진행된 세계 최대 가전 전시회 'CES 2022'에서는 90인치에 달하는 대형 TV 신제품을 소개했습니다. 해당 신제품은 2022년 9월 국내에 97형 OLED TV '올레드 에보 갤러리 에디션'으로 시장에 출시됐습니다.

대형 OLED 화면을 갖춘 TV를 생산할 수 있는 기술력은 국내 기업이 월등한 것으로 평가받는데요. 중국 업체 TV도 2022년 하반기가 돼서야 부랴부랴 대형 TV 시장에 뛰어들며 추격하고 있지만 LG전자와는 2022년 8월 기준 130만 대 판매 격차를 유지하고 있습니다. 업계에서는 당분간은 프리미엄 가전시장에서의 격차는 국내 우위 현상이 유지될 것으로 보고 있습니다. 기술 격차가 줄어드는 추세를 보이긴 했지만 아직 분명한 선이 존재하고, 세계 시장에 LG전자를 비롯한 국내 업체들이 구축한 프리미엄 이미지를 단기간에 넘어서긴 쉽지 않다는 해석인데요. 중국 제품들이 국내 업체들 제품에

어라, 중국이 읽어지네

비해 가격 경쟁력을 갖춘 것은 분명하지만 품질 면에서는 아직 한국 제품이 우위를 선점하고 있는 상황입니다.

## 지속 가능한 혁신이 과제

일부 전문가들은 중국의 가전 부문 성장을 두고 과거 한국과 일본의 사례를 떠올리며 경고하고 있는데요. 1990년대 세계 가전 시장을 재패하고 있던 일본 소니, 파나소닉, 샤프 등 가전업체들을 LG전자를 비롯한 국내 업체들이 제친 일입니다. 당시 국내 업체들은 뛰어난 가성비를 통해 당시 가전 수요가 폭증하던 신흥국 시장을 주로 공략하며 성장할 수 있었는데요. 저렴한 가격을 앞세운 중국산 가전의 점유율이 해마다 늘어나는 점에서 비슷한 사례가 재현될 수 있다는 우려의 목소리가 나오고 있습니다.

학계에서는 과거 일본 사례를 시장을 외면한 결과라고 분석하는데요. 일본 업체들은 '잘 만든 제품이 잘 팔릴 것'이란 생각에 시장 반응은 무시한 채 기술 혹은 제품 개선만 반복했습니다. 1990년대 일본 업체들과 달리 LG전자를 비롯한 국내 프리미엄 가전 제조업체들은 소비자가 원하는 것에 대해 꾸준하게 파악하고 소통을 잘했다는 평가를 받는데요. 이 같은 혁신이 지속돼 중국 업체들을 추격자에만 머무르게 할 수 있다면 현재 펴고 있는 프리미엄 전략도 긍정적인 결과를 가져올 것으로 보고 있습니다.

최근 나타나는 높은 환율과 원자재 가격 상승 리스크도 LG전자에게는 실적 리스크 요인 중 하나인데요. 고환율 상황은 수출 기업에게 유리한 측면이 있지만 고환율이 지속되면 수요 둔화로 해석할수 있어서 긍정적이지만도 않습니다. 또 LG전자의 경우 전체 매출중 국내 비중이 30%대로 높은 편이기 때문에 소비 위축에 대한 우려를 접을 수 없는 상황입니다. 해외에서 원자재를 수입해 완제품을 만들어 수출하는 가전업체 특성상 비용 증가도 불가피한데요.

업계 관계자는 "지속적인 소비자 피드백과 세계 최고 수준의 기술력을 바탕으로 프리미엄 전략을 펴고 있어 매출 하락 대비 수익성은 나쁘다고 볼 수 없는 상황"이라며 "중국뿐 아니라 전 세계를 대상으로 프리미엄군 제품 수요를 얼마나 확대하는 지가 향후 실적에영향을 미칠 것"이라고 전했습니다.

## 미래 기술로 '초격차' 실현

중국이 반도체를 비롯한 각종 분야에서 국내 업체들을 맹렬하게 뒤쫓고 있습니다. 중국은 타국 업체들이 먼저 개척해낸 시장을 생산비용 절감과 국가 보조금 등을 통해 잠식하는 전략을 펴면서 점차세계 시장에서도 점유율을 높이는 모습인데요. LG전자를 비롯한 국내 업체들은 중국이 하지 못하는 것, 즉 신기술을 기반으로 한 채 새로운 시장을 개척하는 데 주력하고 있습니다.

먼저 기술적 초격차가 완연한 시장은 디스플레이 분야입니다. 국내 업체들은 중국 디스플레이 업체들이 쫓아온 LCD와 OLED를 넘어 '마이크로 LED'와 '폴더블 디스플레이' 기술을 토대로 한 신제품을 개발하고 있습니다.

마이크로 LED는 유기체를 발광물질로 쓰는 기존 OLED와 달리 무기체를 쓰는데요. OLED의 가장 큰 단점으로 꼽히는 '번인' 현상을 해결할 수 있고, 산소나 수분 등에 강해 야외에서도 안정적으로 성능을 제공합니다. 이름에 걸맞게 작은 픽셀 크기를 가지고 있어 8K 이상의 초고해상도를 구현할 수 있고, 패널을 틈새 없이 연결할 수도 있어 이론적으로는 소자가 들어간 화면을 무한정 키우는 것도 가능합니다.

LG디스플레이는 2022년 1월 미국 라스베이거스에서 열린 세계 최대 가전제품 박람회 CESS 2022에서 마이크로 LED가 적용된 쇼핑몰용 투명 OLED 디스플레이 솔루션을 공개해 업계의 주목을 받았는데요. 투명하다는 특징으로 평소에는 창문처럼 사용할 수도 있고, 투명한 공간에 특정 물체를 띄워 증강현실처럼 보이게 하는 것도 가능합니다.

LG전자는 차량 전장사업이라는 새로운 시장을 개척하고 있는데요.

LG전자 내 VS사업본부는 전기자동차 안에 들어가는 인포테인먼트, 조명, 전기차 파워트레인 등 전장사업 핵심 분야를 담당하고 있습니다. 차량 인포테인먼트 분야는 디스플레이와 함께 국내 기술이 세계 최고로 평가받는데요

LG전자는 차량과 인터넷을 연결해 전기차 구동을 전반적으로 맡는 텔레매틱스 등도 지속적으로 개발하고 있습니다. LG전자 자회사인 ZKW는 자동차 헤드램프 분야에 보유한 기술력으로 벤츠, BMW, 아우디, 포르쉐 등 전 세계 프리미엄 완성차 업체들을 고객으로 두고 있습니다. 2021년 출범한 LG마그나는 전기파워트레인을 주력으로 하고 있는데요. 모두 중국 업체들보다 앞선 기술력을 바탕으로 하고 있습니다.

다만 기존 주요 사업의 하락세는 개선해야 할 점으로 꼽히고 있습니다. LG전자는 2021년 생활가전 부문 세계 1위에 올랐지만 원자재 가격 상승으로 영업이익은 떨어졌습니다. 공시에 따르면 LG전자가 쓴 원재료비는 2022 상반기 20조 6590억 원으로 전년 동기 대비 3조 원 이상 늘었으나 상반기 영업이익은 7922억 원을 기록하며 전년 동기 대비 12% 줄었습니다.

LG전자는 지속적인 대외 악재 사이에서 신시장 개척을 지속적으로 추구하며 해결법을 찾아나갈 것으로 예상되는데요. 구광모 LG그룹 회장은 2022년 9월 경기도 광주 곤지암리조트 사장단 워크숍에서

어라, 중국이 읽어지네

"경영 환경이 어려울 때일수록 그 환경에 이끌려 가서는 안 된다"며 "주도적이고 능동적인 자세로 다가올 미래 모습을 우리 스스로 결정해 나갈 수 있어야 한다"고 말했는데요. 이어 "LG가 만들어 낼 고객 경험과 상품, 솔루션 등이 고객에게 얼마나 차별화된 가치를 제공할 수 있는지가 우리의 미래 경쟁력"이라고 강조했습니다.

## 삼성, 포기할 수 없는 중국 시장

미중 패권경쟁에 어려움을 겪고 있는 대표적인 산업이 반도체라고 할 수 있는데요. 삼성전자를 비롯한 국내 반도체 산업에 먹구름이 다가오는 것 같은 이 느낌은 아마 점점 불거지는 '칩4' 때문인 것 같습니다.

현재 세계 반도체 시장을 주도하고 있는 나라로 미국, 일본, 한국, 대만, 중국 등을 꼽을 수 있는데요. 이 중 미국을 비롯한 3개국은 중국과 명백하게 대립 구도를 형성하고 있습니다. 결국 중국이 협력을 구할 수 있는 상대는 한국밖에 없는 셈인데요.

중국의 최종 목표는 '반도체 자국 굴기'를 통해 세계 반도체 시장에서 자립하기 위한 것으로 예상되는데요. 2021년 중국 반도체 수입액은 3500억 달러(약 444조 원)로 중국 전체 수입액 가운데 13% 정도 차지한 것으로 나타났습니다.

중국은 정부와 국영기업들이 직접 출자한 반도체 산업 육성 펀드 '대기금(국가집적회로산업투자펀드)'으로 반도체 자국 굴기에 자금을 쏟아붓고 있습니다. 지금은 삼성전자를 비롯한 해외에서 반도체를 수입하면서 어느 정도 역량을 갖출 때까지는 공급망을 유지할 가능성이 높습니다.

미국은 중국을 상대로 반도체 관련 규제를 확대하는 모습인데요. 미국 상무부는 2022년 9월 자국에서 생산한 반도체 제조 장비를 14nm 이하 공정 첨단 반도체를 생산하는 중국 내 공장으로 반출할 수 없도록 새 수출 규정을 발표했습니다.

이 같은 대외적 상황에서 삼성전자는 현재 생산하고 있는 반도체를 중국에 공급해 이익을 챙기는 한편, 미국에는 최첨단 공정을 활용한 공장 투자를 이어 가는 아슬아슬한 줄타기를 하고 있습니다.

삼성전자는 중국 시안 공장에서 생산하는 낸드플래시에 최신 공정을 적용하지 않고 반면 미국에는 첨단 기술을 활용한 공장을 지으려고 모습인데요. 2022년 7월에는 삼성전자가 20년간 250조 원을 투자해 미국 텍사스에 반도체 공장 11개를 신설하겠다는 보도가 나오기도 했습니다.

삼성전자 DS부문 사장은 2022년 9월 삼성전자 평택컴퍼스에서 기자회견을 열고 "중국은 향후 전체(전 세계) IT 공급 비중이 40%를

삼성(출처: 아주경제)

넘을 것으로 판단되며 주요 고객사가 많은 거대 시장을 놓치기는 어렵기 때문에 미국과 중국 간 갈등 속에서 어느 한쪽에 편승하지 않고 서로가 이길 수 있는 솔루션을 찾고 있다"고 말했습니다.

## 삼성전자의 '이중고'

삼성전자가 각종 대내외 악재 속에서도 공격적인 중국 투자를 이어 가고 있습니다. 기존에 인건비가 싼 중국 현지 환경을 이용해 완제 품 생산 비용을 아끼는 전략을 세웠다면 이제는 반도체 등 중간재 투자를 확대하는 모습인데요.

2022년 중국 방역당국의 '제로코로나' 정책에 따른 도시 봉쇄와 생산 위축으로 상반기까지는 다소 실적이 주춤했습니다. 그러나 삼성 전자는 전 세계 IT 산업에서 큰 비중을 차지하는 중국 시장을 놓칠 수 없다는 경영진 판단에 대외적 여건을 극복하기 위한 방안 모색 에 나섰습니다.

## 중국 반도체 장비 국산화에 미중 갈등

2018년 중국 매출 비중은 32.1%를 기록했지만 사드 배치 결정으 로 인한 중국 내 '한한령'과 미국 중국 간 무역전쟁 여파로 2019년 에는 24.9%로 떨어졌습니다. 이후 2020년에는 26.3%, 2021년에는 29.9%로 높아졌습니다.

2022년 8월 공개된 반기보고서에 따르면 2022년 상반기 삼성전자 매출은 별도 기준 115조 3655억 원입니다. 이 가운데 중국 매출은 30조 4620억 원으로 26.4%를 차지했습니다. 2021년 상반기 29.4% 대비 3.0%포인트 낮은 수치입니다.

이에 더불어 중국은 국가적으로 반도체 장비 국산화를 추진하고 있 습니다. 중국 반도체 장비 국산화율은 2021년 21%에서 올 상반기 32%로 11%포인트 높아졌습니다. 이와 함께 '칩4동맹'으로 야기된 미국과 중국 간 갈등도 불안 요소인데요. 칩4 동맹은 미국이 반도체 핵심 기술을 보유하고 있는 한국과 대만, 일본을 묶는 반도체 동맹

어라, 중국이 읽어지네

입니다.

국내 기업으로서는 반도체 장비업체들이 미국과 일본에 집중된 만큼 미국이 주도하는 질서를 거스르기 어려운 상황인데요. 한편으로 대중국 반도체 수출 비중 또한 높아 중국을 무시할 수도 없습니다. 2021년 국내 기업의 메모리반도체 수출액은 총 690억 달러(약 90조 6700억 원)인데 이 중 대중 수출은 48%를 차지했습니다. 현재 삼성전자는 중국 시안에 반도체 공장을 두고 현지 생산을 통해 수출 물량을 확보하고 있습니다.

**반도체 등 중간재 과감한 '투자'**

삼성전자가 중국 스마트폰 시장에 진출한 것은 2009년인데요. 이후 2014년까지는 시장 점유율 20%까지 치고 올라가는 등 성과를 거뒀습니다. 그러나 사드 관련 갈등과 중국 내 애국 소비는 이른바 '궈차오' 소비 트렌드로 2019년 이후 갤럭시 스마트폰 점유율은 1% 미만으로 떨어졌습니다.

이에 삼성전자는 완제품(소비재)을 과감히 줄이고 반도체 등 중간재 투자를 확대했습니다. 현재 중국에서 가동 중인 공장은 시안과 쑤저우에 있는 낸드플래시 공장과 반도체 후공정(패키징) 등입니다. 중국 시안에서만 생산되는 낸드플래시는 월 25만 장으로 삼성전자 전체 낸드플래시 생산량 중 40%를 넘고 단일 낸드플래시 공장 중에서는 세계에서 가장 많은 수준입니다.

삼성전자 갤럭시 시리즈 점유율은 회복세를 보이고 있지 않지만 중국 시장 점유율 상위권을 점령한 현지 기업들이 스마트폰에 삼성전자 반도체를 탑재하면서 수익성은 점차 개선됐습니다. 중국 내 삼성전자 매출은 2016년 32조 원에서 59조 원까지 늘었습니다.

2021년 기준 삼성전자가 중국에 투자한 금액은 500억 달러(약 66조 9000억 원) 이상이고, 이 중 최근 5년간 투입된 금액만 200억 달러(약 26조 7000억 원)에 달하는데요. 현재 삼성은 중국에 총 8개 연구개발센터를 두고 첨단 분야 연구를 지속하고 있습니다.


## 현대자동차, 20년째 아픈 손가락 '중국 시장'

미국과 유럽 등 세계 주요 자동차 시장에서 승승장구하며 매 분기 사상 최대 실적을 갈아치우고 있는 현대자동차에게 '아픈 손가락'이 있는데요. 바로 중국 시장입니다. 2022년 출범 20주년을 맞은 현대차 중국 합작법인 베이징현대가 중국 시장에서 부진을 면치 못하고 있습니다.

2022년 9월 현재 베이징현대의 중국 시장 점유율은 1%대에 불과한데요. 2022년 상반기 중국 시장 판매량은 9만 4158만 대에 그쳤습니다. 이는 2021년 같은 기간에 비해 52% 하락한 수치인데요. 베이징현대는 현대차의 해외 시장 가운데 유일하게 적자를 기록하고 있는 법인입니다.

한중 수교 10년 만인 2002년 중국 시장에 처음 진출한 현대차는 2008년 글로벌 금융위기에 따른 미국 완성차업체의 공백과 일본 도요타 차량 리콜 사태 등을 계기로 급격하게 성장했습니다.

베이징현대는 2013년 중국 시장에서 차량 판매 100만 대를 돌파하며 중국 진출 자동차 외자합작기업으로서 최단기에 100만 대 판매 클럽에 진입했습니다. 2016년에는 180만 대를 판매하며 정점을 찍었는데요.

현대자동차(출처: 아주경제)

그러나 그 영광은 오래가지 못했습니다. 2017년 중국이 한국에 대해 사드 설치에 대한 보복으로 이른바 '한한령'을 본격화하며 판매량이 급감하기 시작했습니다.

지리자동차 등 중국 브랜드 경쟁력 향상과 2020년대 들어 '애국소비' 성향이 더욱 강해진 점도 베이징현대 부진에 큰 영향을 미쳤습니다. 이런 상황에서 굳이 비용이 20~30% 비싼 현대차를 중국 소비자들이 선택할 이유가 없어진 것입니다.

중국 소비자들은 자국 브랜드와 가성비를 꽤 중요하게 생각하는 편인데요. 그동안 중국 완성차 업체 수준이 수입차 브랜드에 비해 크게 떨어져 비싼 수입차를 울며 겨자 먹기로 선택한 상황이었는데요. 이제는 중국 브랜드 수준이 향상되어 현대차는 새로운 중국 시장 공략법을 고민해야 하는 시기가 됐습니다.

게다가 베이징현대가 중국 자동차 시장 변화에 적극적으로 대응하지 못한 점도 판매량 감소에 힘을 보탰다는 분석인데요. 대표적인 예로 베이징현대는 저변 확대를 위해 엘란트라와 쏘나타 등 일부 차량을 택시로 공급했는데 이게 악수였습니다. 중국 소비자 사이에 택시 모델 승용차 선호도가 높지 않았기 때문인데요.

또 중국 소비자들은 2010년대 이후 스포츠유틸리티차량(SUV)을 선호하는 경향이 뚜렷했지만 베이징현대는 한동안 세단 모델을 주력으로 내세운 점 역시 마이너스로 작용했습니다.

어라, 중국이 읽어지네

중국 시장은 현대차를 비롯한 국내 기업들에게 '계륵' 같은 존재이기도 한데요. 중국에서 사업을 하려면 50 대 50으로 법인을 만들어야 하는데 수익이 발생해도 중국 내 재투자만 가능할 뿐 본국으로 수익을 보낼 수 없는 상황입니다. 중국 정부 결정이 모든 우선권을 가지는 사회주의 국가인 만큼 시장 논리가 적용되기는 쉽지 않은 상황인데요.

하지만 현대차가 세계 최대 규모인 중국 자동차 시장을 포기할 수도 없는 상황입니다. 2021년 중국 자동차 판매량은 2628만 대로 나타났는데요. 판매량 기준 한국보다 14배 큰 규모입니다.

## 현대차, 프리미엄 전략으로 공략

현대차는 '프리미엄' 전략으로 판을 바꾸겠다는 청사진을 그리고 있습니다. 앞에서도 언급했듯이 중국 업체들 경쟁력이 높아지면서 더 이상 가성비 브랜드로서 포지셔닝은 의미 없기 때문입니다.

현대차는 이를 위해 2021년 4월 현대차 고급 브랜드 제네시스를 중국에 출범시켰습니다. 최근 베이징 최대 번화가 왕푸징 인근 대형 쇼핑센터에도 도심형 전시장을 연 것도 같은 맥락이지요.

그렇지만 '제네시스 효과'는 미미한 상태입니다. 제네시스는 2022년 상반기 중국 시장에서 370대를 판매했는데요. 준대형 세단 모델

'G80'은 207대로 브랜드 내 최다 판매를 기록했습니다. 현대차는 향후 제네시스 브랜드 인지도를 높이기 위해 현지 매장을 늘릴 계획입니다.

아울러 현대차는 전기차를 앞세워 중국 판매량을 늘린다는 방침인데요. 현대차와 베이징차는 합작 법인 베이징현대 증자에 2022년 60억 위안(약 1조 2000억 원)을 투입할 예정입니다. 베이징현대는 곧 중국 전용 전기차 라페스타 신형과 수소연료전지차 넥쏘를 출시할 것으로 보이는데요. 베이징현대는 넥쏘 출시를 위한 베이징 신에너지차 면허를 획득해 중국 당국 규정을 충족했고, 베이징 등에서 넥쏘 테스트 주행을 완료한 것으로 전해졌습니다.

현대차 관계자는 "중국 시장 공략에 성공해야 현대차가 명실상부한 세계 최고 완성차 업체로 도약할 수 있다"며 "프리미엄 전략과 전용 전기차 출시 등 다양한 전략으로 중국 소비자들이 현대차를 선택할 수 있도록 만들겠다"고 말했습니다.


## 현대차, 중국 부활카드 '전기차'


현대차는 중국 시장에서 살아남기 위해 '전기자동차(EV)'를 선택했습니다. 현대차는 전기차를 앞세워 2017년 사드 사태 이후 계속되고 있는 중국 시장 내 부진을 끊어 내겠다는 계획입니다.

어라, 중국이 읽어지네

현대차 중국 합작법인 베이징현대는 조만간 중국 현지에서 전기차를 생산해 판매할 예정입니다. 다만 아직 어떤 차종을 판매할지 등 구체적인 사항은 정해지지 않은 것으로 알려졌습니다.

그러나 현대차가 중국 전기차 시장을 공략하기는 쉽지 않을 것으로 전망됩니다. 현재 중국 전기차 시장을 자국 브랜드가 장악하면서 테슬라 등 다른 외국계 브랜드들이 중국 시장에서 맥을 못 추고 있기 때문인데요.

2022년 1~4월 중국 전기차 시장에서 중국 비야디가 39만 대를 팔아 3위인 테슬라(11만 대)를 압도한 것으로 나타났습니다. 비야디는 세계에서 유일하게 전기차와 배터리를 동시에 생산하는 기업으로 시가총액이 테슬라, 도요타에 이어 세 번째로 높습니다.

비야디뿐만 아니라 2위인 상하이GM우링은 경차 '홍광미니EV'를 자체 개발해 중국 MZ세대를 사로잡았습니다. 4위 체리자동차, 5위 광저우자동차 산하 브랜드 광치아이안, 6위 지리자동차 등 내연기관차로 유명한 현지 업체들도 전기차 생산으로 전환하는 데 성공했습니다.

중국 정부는 2035년까지 신에너지차(전기차, 수소차, 플러그인하이브리드) 비율을 50%까지 확대할 계획입니다. 향후 중국 현지 업체들이 더욱 힘을 받을 수밖에 없는 이유인데요.

베이징현대는 중국 전기차 시장 공략을 위해 '투트랙' 전략을 구사

할 계획입니다. 2018년 출시한 라페스타 신형 전기차, 수소차 넥쏘 등 신에너지차를 앞세워 프리미엄 브랜드 이미지를 강화하는 한편, 저가형 전기차도 선보일 예정이지요. 2025년까지 중국 시장에서 52만 대를 판매하겠다는 목표입니다.

베이징현대는 특히 넥쏘가 중국 소비자들에게 좋은 반응을 얻을 것으로 기대하고 있습니다. 넥쏘는 2022년 전 세계 수소차 시장에서 6100대가 팔리며 56% 점유율로 시장 1위를 차지했습니다. 베이징현대는 넥쏘 출시를 위한 베이징 신에너지차 면허를 획득해 중국 당국 규정을 충족했습니다.

베이징현대는 곧 중국 전용 전기차 2개 모델도 출시할 예정입니다. 그러나 당초 계획됐던 아이오닉 시리즈 투입은 미뤄진 것으로 전해졌습니다. 현대차는 철저한 준비를 통해 상품성과 가격 등을 보완 후 아이오닉 투입 시기를 결정한 방침입니다.

현대차 관계자는 "2023년 하반기 중국에서 전기차를 생산해 판매하고 친환경, 고성능 자동차 모델을 앞세워 브랜드 인지도를 개선할 것"이라며 "현대차가 어떻게 글로벌 3~4위급 회사가 됐는지 보여 줄 것"이라고 말했습니다.

어라, 중국이 읽어지네

# SK, 차이나 인사이더

SK의 중국 진출은 남들보다 한 발 앞섰는데요. SK는 선경그룹 시절인 1988년부터 중국 본토에 지사를 설립하는 계획을 추진했습니다. 그로부터 3년이 지난 1991년 한국기업 최초로 베이징에 사무소를 개설하고 같은 해 다롄 사무소까지 열었습니다. 한국과 중국이 수교한 1992년보다 앞선 시점입니다.

한국은 대만과 국교를 맺고 있었지만 민간 기업 차원에서도 대중 교역 규모는 나날이 커지고 있었습니다. 한중 교역 액수가 1980년 1억 8790만 달러에서 1987년 16억 6000만 달러 수준으로 10배 가까이 증가한 것입니다. 수교 이전부터 한·대만 교역 규모(1987년 13억 1400만 달러)를 넘어섰다는 기록도 있습니다.

특히 SK는 대중 교역에 적극적이었습니다. 신발과 의류를 중심으로 대중국 교역 규모는 2억 달러에 이르렀는데요. 한중이 국교를 맺기 이전인 점을 생각하면 상당한 규모입니다.

SK가 내세운 대중국 전략인 '차이나 인사이더'의 씨앗은 고(故) 최종현 선대 회장이 심었는데요. 최종현 회장은 "30년을 내다보고 중국에 투자해야 한다"는 지론을 폈습니다. 1994년 3월 장쩌민 중국 국가주석 초청을 받아 중국을 방문했을 때는 "중국에 제2의 선경그룹을 건설하고자 한다"는 말을 남겼습니다.

섬유와 비디오테이프에서 시작한 중국 사업은 석유화학으로 중심이 옮겨 갔습니다. SK는 1990년대 들어 중국석유화공총공사(시노펙)와 합작해 현지 정유공장을 세우는 등 석유화학 사업에 대대적인 투자를 단행했는데요. '석유에서 섬유까지'로 대표되는 수직계열화를 중국에서도 이룬다는 판단이었습니다.

최종현 회장은 1998년 작고할 때까지 중국을 수시로 오가며 현지 기업인은 물론 정관계 고위 인사까지 두루 친분을 유지했습니다. 재계에서는 "중국 인맥으로 최종현 회장을 이길 기업인은 없다"는 평가가 나오기도 했습니다.

SK는 2000년대 들어 '차이나 인사이더' 전략을 구사했습니다. 최종현 회장에 이은 최태원 회장의 대중국 기조였습니다. 중국에 진출한 외국 기업이 아니라 현지에서 사업을 추진하고 중국에 다시금 투자하는 중국 내부 기업이 되겠다는 전략입니다.

최태원 회장은 2005년부터 차이나 인사이더를 추진해 왔는데요. 2010년에는 중국 내 지주회사인 'SK차이나'가 출범했습니다. 최태원 회장은 중국에서 '내부자'로 녹아들기 위해서는 현지 사업을 총괄하는 컨트롤타워가 필요하다고 생각했고 중국 전문가와 현지 임원 비중도 꾸준히 늘려 갔습니다.

그 결과 SK차이나 출범 1년 만에 가시적인 성과가 나타났는데요. SK그룹은 2010년 중국에서 매출 230억 위안을 달성했습니다. 당시 환율로 4조 원 정도였는데요. 2009년과 비교해 10% 넘게 성장한 것이었습니다. 석유화학과 정보통신, 유통 물류 사업도 두 자릿수 성장률을 기록했습니다.

SK는 중국에서 새로운 전기를 맞았습니다. 한중 수교 이후 최대 규모 석유화학 합작 프로젝트로 평가되는 '중한석화'가 2013년 설립됐는데요. SK지오센트릭과 시노펙이 공동 투자한 이 회사는 후베이성 최대 석유화학 기업으로 성장했습니다.

반도체, 배터리 등 신사업에서도 중국은 중요한 요충지인데요. 2012년 인수된 SK하이닉스는 중국에서 메모리 반도체인 D램을 절반가량 생산하고 있습니다. 최근에는 2차전지(배터리)를 생산하는 SK온이 중국 내 투자를 지속하며 현지화에 앞장서고 있습니다.

"중국 계좌 없이, QR로 결제"

그동안 중국 단기 중국 방문자들이 중국 은행 계좌를 만들 수 없어서 위챗 QR결제를 할 수 없었는데요. 중국은 노점상에서도 현금보다는 QR로 결제하기 때문에 중국 현지에서 위챗 QR이 없다면 정말 불편했을 것입니다. 과일을 사거나, 식당에서도, 어디를 가도 QR로 결제를 하는데요.

2023년 여름 위챗페이가 해외 신용카드와 연동한 모바일 결제 서비스를 실시했습니다. 아마 해외 여행객 소비가 더 많아지게 되는 계기가 될 것으로 보이는데요. 비자, 디스커버, 다이너스클럽, 마스터카드 등 5개 국제 신용카드사와 제휴해 중국 내 단기 체류자들의 모바일 결제를 지원하기로 했습니다.

이제 중국 단기 방문자들은 휴대전화에 위챗페이 앱을 설치하고 신원 확인을 거쳐 자국에서 사용하는 신용카드 계좌와 연계하면 위챗페이로 결제할 수 있습니다. 한번에 최대 6000위안. 약 100만 원 정도까지 결제가 가능합니다. 월간 및 연간 한도는 각각 5만 위안, 6만 위안인데요. 1회 결제 금액이 200위안을 넘어가면 거래금액의 3%가 수수료로 부과됩니다.

그동안 위챗페이 등 중국 모바일 결제 서비스를 이용하기 위해서는 중국 현지 계좌를 개설해야 했는데요. 관광 목적으로 단기간 체류하는 여행객들이 위챗페이를 사용할 수 없었던 이유입니다.

중국은 신용카드 단계를 건너뛰고 바로 모바일 결제 단계로 넘어갔는데요. 중국에서는 노점상에서부터 택시, 시장 할 것 없이 모두 모바일 결제 시스템에서 부여받은 QR코드를 인식하는 방법으로 결제합니다. 현금도 잘 받지 않기 때문에 모바일 결제 시스템을 이용할 수 없는 외국인 여행객들의 불편이 컸습니다.

위챗페이와 양대 산맥을 이루는 알리페이는 앞서 2023년 5월부터 해외 신용카드와 연동한 중국 내 모바일 결제 서비스를 개시했습니다. 1회 결제 한도는 3000위안이고 월간 및 연간 한도액은 위챗페이와 동일합니다.

# 참고문헌

*모든 기사는 아주경제를 참고하였다.

2021. 05. 31 "중국 '1가구 3자녀 정책 시행한다'"

2021. 06. 01 "'저출산' 맞닥뜨린 중국 '세자녀' 허용했지만…"

2021. 12. 01 "중국 출산 장려 박차…석달간 20개 지역서 지원책 '우르르'"

2022. 01. 11 "중국 출산율 높이는 '쩐의 전쟁' 성공할까?"

2022. 01. 02 "지난해 중국에서 가장 많이 팔린 전기차는?"

2022. 01. 13 "전기차 배터리 원자재 움켜진 중국…'자원만리장성' 쌓는 진격의 거인"

2022. 01. 17 "한중수교 30주년과 한중관계의 새 출발"

2022. 02. 07 "화웨이, 빠듯한 살림에도 10조원 '보너스 파티'"

2022. 02. 11 "'미국 화웨이 때리기' 틈타…기회 엿보는 중국 2위 통신장비업체 ZTE"

2022. 02. 22 "전기차 호황에…중국 희토류 가격 사상 최고치"

2022. 03. 19 "'우한 봉쇄령에도 특별열차 운행' 코로나도 못 막은 중국 반도체 굴기"

2022. 03. 29 "지난해 반도체 수급난에도 중국 전기차 3인방 날았다"

2022. 04. 06 "'차세대 먹거리' 전고체 배터리 경쟁 붙은 중국 배터리…상용화 빨라지나"

2022. 04. 07 "미국과 반대로 가는 중국…추가 금리 인하 가능성"

2022. 04. 13 "중국도 인플레이션 경고음…식탁 물가 잡기 안감힘"

2022. 05. 02 "경기 회복, 침체 갈림길에 놓인 중국"

2022. 05. 18 "화웨이, 전세계 클라우드 매출 5위권 첫 진입…시장 대격변 불

어라, 중국이 읽어지네

2022. 09. 01 "경기부양 다급한 중국, 인프라 추진 촉진"

2022. 09. 15 "동맹 과시한 러·중···푸틴 '하나의 중국 지지', 시진핑 '러시아와 강대국 역할 감당'"

2022. 09. 16 "시진핑-푸틴 우크라 전쟁 후 '첫 회동'···반미 연대 굳히는 중러"

2022. 09. 19 "대전환기를 맞이한 한중 관계의 약점 및 기회"

2022. 09. 21 "향후 5년이 한중 관계 변곡점···한국 중요도 커졌다"

2022. 09. 22 "경기불황, 불안한 미래···소비주의 '역행'하는 중국 청년들"

2022. 09. 23 "진격의 중국 배터리왕 CATL···해외시장 공략 '속도'"

2022. 09. 29 "CATL, 허난성에도 배터리 공장 증설···TWh 시대 왕좌 굳히나"

2022. 09. 29 "중국경제, 수치보다 흐름과 추세 읽어야"

2022. 09. 30 "한중 경제 관계, 새로운 30년을 위해"

2022. 10. 04 "'전기차 왕좌 지킨다' 비야디, 2개 분기 연속 테슬라 체쳐"

2022. 10. 06 "'짓다 만 아파트 어쩌나···' 중국 부동산기업은 '탕핑' 중"

2022. 10. 06 "홍콩, 내년 주택가격 30% 폭락 전망···'집값 가장 비싼 도시'는 옛말"

2022. 10. 06 "'시진핑 1인천하' 중국 5년의 빛과 그림자"

2022. 10. 18 대전환기 속 새로운 한중관계 30년을 위하여"

2022. 10. 23 "비운의 총리 리커창 '굿바이'"

2022. 10. 23 "테크노크라트 등용···군수방, 칭화방이 떴다"

2022. 10. 23 "20대 중국정치국원 프로필 정리"

2022. 10. 23 "차기외교, 경제정책 실무사령탑은?"

2022. 10. 26 "미중 반도체 전쟁 격랑 속으로"

2022. 10. 28 "천지닝 베이징 시장, 상하이 당서기로 선출"

2022. 10. 30 "'칼자루' 장악한 '시진핑 사단'···'안전'에 방점"

2022. 10. 31 중국 30년 만에 여성인권법 개정안 통과"

2022. 11. 02 "'중국 계획경제 시대 산물' 공동식당, 공급수매합작사가 뜬다"

어라, 중국이 읽어지네

면"

2023. 08. 10 "중국 자국민 해외 단체관광 허용…경제난 극복 시도 일환"

2023. 08. 10 "중국인 한국 단체관광 6년여 만에 완전 허용"

2023. 08. 12 "3년 7개월 만에 열린 중국 뱃길…오늘부터 여객 운송 재개"